Werner Meys/Faruk Şen (Hrsg.)

Zukunft in der Bundesrepublik oder Zukunft in der Türkei?

Eine Bilanz der 25jährigen Migration von Türken

Schriftenreihe des Zentrums für Türkeistudien
Wissenschaftszentrum, Ahrstraße 45, D - 5300 Bonn 2
Band 4

Werner Meys/Faruk Şen (Hrsg.)

Zukunft in der Bundesrepublik oder Zukunft in der Türkei?

Eine Bilanz der 25jährigen Migration von Türken

Mit Beiträgen von Nurhan Akçaylı, Fatih Babalık, Nihat Balkır, Ursula Boos-Nünning, Gerd Diers, Liselotte Funcke, Lutz Hoffmann, Othmar N. Haberl, Gerd Jahn, Ursula Mehrländer, Werner Meys, Christian Petry, Hanns Sobek und Faruk Şen

Dağyeli Verlag

CIP-Kurztitelaufnahme der Deutschen Bibliothek

Zukunft in der Bundesrepublik oder Zukunft in der Türkei? : Eine Bilanz d. 25jährigen Migration von Türken / Werner Meys ; Faruk Şen (Hrsg.). Mit wei= teren Beitr. von N. Akçaylı ... - Frankfurt (Main) : Dağyeli, 1986.
(Schriftenreihe des Zentrums für Türkeistudien ; Bd. 4)
ISBN 3-924320-46-2

NE: Meys, Werner [Hrsg.]; Akçaylı, Nurhan [Mitverf.]; Zentrum für Türkeistudien <Bonn>: Schriftenreihe des Zentrums ...

1. Auflage 1986

Merianstraße 27, D-6000 Frankfurt a.M. 1,
Telefon 069/43 81 38

Umschlaggestaltung: Yıldırım Dağyeli
Satz: Verlag Konstanze Freihold, Berlin
Druck: Fuldaer Verlagsanstalt, Fulda
Printed in Germany
ISBN 3-924320-46-2

Inhalt

Vorwort

In den vergangenen Jahren sind einzelne Städte und Regionen in der Bundesrepublik Deutschland wie auch in der Türkei in dem Bemühen um eine Vertiefung der deutsch-türkischen Beziehungen besonders hervorgetreten. Bei der wissenschaftlichen Behandlung des Themenkreises Migrationsgeschichte der Türken treten Bursa und Essen mit ihren Aktivitäten besonders hervor. An der Universität der türkischen Stadt Bursa wird seit Jahren Migrationsforschung betrieben.

Tradition geworden sind inzwischen die kritischen Tagungen der Stadt zum Thema Migration, während die Stadt Essen, deren Verwaltung durch eine liberale Handhabung der Ausländerpolitik gekennzeichnet ist, nun nach einer ersten deutsch-türkischen Migrationstagung vom 23. bis 25. November 1985 über das Thema »Zwischen Integration und Rückwanderung — Die türkische Wohnbevölkerung in der Bundesrepublik Deutschland« Ende 1985 die zweite deutsch-türkische Tagung von 16. bis 18. Dezember 1985 durchgeführt hat.

Die Tagung befaßte sich in thematischer Anknüpfung an die erste deutsch-türkische Tagung mit dem Themenkreis »Zukunft in der Bundesrepublik Deutschland oder Zukunft in der Türkei — eine Bilanz der 25jährigen Migration von Türken«.

Veranstalter der Tagung waren neben der Stadt Essen das Zentrum für Türkeistudien in Bonn und das Forschungszentrum für Fragen der türkischen Wohnbevölkerung im Ausland an der Universität Bursa.

Auch diesmal wirkten namhafte Referenten an der Tagung mit, an der ein fachorientiertes Publikum von mehr als 200 Wissenschaftlern, Sozialarbeitern, Lehrern, Angehörigen von Ministerien, Journalisten sowie Vertretern der türkischen Selbstorganisationen und der türkischen Botschaft mit großem Interesse teilnahm.

Die Resonanz in der Fachöffentlichkeit war groß. 13 türkische und deutsche Zeitungen berichteten über die Tagung. Wie sich schon während der ersten Tagung gezeigt hatte, stellte sich auch während der zweiten Tagung heraus, daß die Mehrzahl der Türken in der Bundesrepublik Deutschland bleiben will. Nach den Feststellungen der Referenten haben die Türken sich inzwischen weitgehend integriert und sind ein Bestandteil der deutschen Gesellschaft geworden.

Zunächst stellten die türkischen Wissenschaftler der Universität Bursa anhand neuerer Daten dar, welche Eingliederungsschwierigkeiten die türkischen Rückkehrer in der Türkei haben. Während des zweiten Tagungstages setzten sich die Referenten mit den neuesten Entwicklungen bei der türkischen Wohnbevölkerung in der Bundesrepublik Deutschland auseinander. Nach Ansicht der Referenten sind trotz bestehender Schwierigkeiten bei den Türken in zunehmendem Maße Integrationsansätze erkennbar.

Anschließend stellte Othmar N. Haberl in seinem Beitrag dar, inwiefern die Bundesrepublik Deutschland für die Mehrzahl der Türken de facto ein Einwanderungsland geworden ist.

Das auf einem Verbleib in der Bundesrepublik Deutschland ausgerichtete Spar- und Konsumverhalten der Türken in der Bundesrepublik Deutschland und die wachsende Zahl der türkischen Selbständigen von zur Zeit 22.000 beweisen, daß die Türken in der Bundesrepublik Deutschland langfristig die zweitgrößte Wohnbevölkerung darstellen werden.

Politiker und Kommunen sollen diese Entwicklung bei ihren zukünftigen Entscheidungen mitberücksichtigen. Dabei gibt die Stadt Essen, in der mit verschiedenen Institutionen die Integration der Ausländer gefördert wird, ein positives Beispiel.

Werner Meys   Faruk Şen

Hanns Sobek
Bürgermeister der Stadt Essen

Eröffnungsrede

Meine sehr verehrten Damen und Herren,
sehr geehrte Frau Funcke, Herr Dr. Şen, liebe Ratskollegen, dieses deutsch-türkische Symposium ist die Fortsetzung einer — inzwischen in der Fachwelt und der Öffentlichkeit — vielbeachteten Tagungsreihe, die 1982 in Bursa begonnen hat und nunmehr zum 5. Mal deutsche und türkische Vertreter aus Wissenschaft und Politik, Verwaltung, Wirtschaft, den Gewerkschaften, der Pädagogik und der Sozialarbeit zusammenführt. Heute hat die Stadt Essen zum zweiten Mal die Ehre, Sie an dieser Stelle willkommen zu heißen. Vor ziemlich genau drei Jahren ging es um die Fragestellung »Zwischen Integration und Re-Integration: Türkische Wohnbevölkerung in der Bundesrepublik«.

In den kommenden drei Tagen soll nun unter dem Thema »Zukunft in der Bundesrepublik oder Zukunft in der Türkei?« eine Bilanz der 25jährigen Migration von Türken gezogen werden.

Je nach gesellschaftspolitischem Standort und wissenschaftstheoretischer Position wird diese Bilanz sicher sehr unterschiedlich ausfallen. Eine sog. »neutrale« Position zu diesem politisch nach wie vor kontroversen Thema gibt es nicht.

Vergleicht man die Zeit zwischen den beiden deutsch-türkischen Tagungen in Essen, also dem Zeitraum vom November 1982 bis Dezember 1985, so kommt man nicht umhin, eine bemerkenswerte Veränderung der ausländerpolitischen Diskussion in der Bundesrepublik Deutschland festzustellen:

Vor drei Jahren stand das Thema »Ausländerfeindlichkeit« im Mittelpunkt der öffentlichen Diskussion. Mancher unserer Mitbürger sah Probleme in der Zahl der hier wohnenden auländischen Gastarbeiter, insbesondere der Türken. Diese wurden noch vermehrt durch die Asylbewerber.

Vor drei Jahren fühlten manche unserer Landsleute ihre »kulturelle und nationale Identität« als Deutsche bedroht. Angesichts der tatsächlichen Verhältnisse — 35.000 Ausländer in Essen bei damals 640.000 Einwohnern — eine nicht existierende Bedrohung.

Diese Ängste sind — so scheint es mir — weitgehend abgebaut.

Erst in den letzten Tagen war in der Presse über eine im Auftrag des Bundesministers durchgeführte Meinungsumfrage des Allensbacher Meinungsforschungsinstitutes zu lesen, daß die Deutschen insgesamt in den letzten Jahren den Ausländern aufgeschlossener und toleranter, insgesamt ausländerfreundlicher gegenüberstünden als noch vor drei Jahren.

Die Problematik der Ausländer hat sich heute mehr verschoben auf sehr reale Dinge, die einhergehen mit der gesamtwirtschaftlichen Situation der Bundesrepublik Deutschland.

Arbeitslosigkeit ist gerade bei Ausländern groß. Rückkehr ins Heimatland ist kaum ein geeignetes Mittel, diese Problematik abzubauen. Wer hier lange Jahre gearbeitet hat, hat das selbstverständliche Recht, die Möglichkeiten voll und ganz auszuschöpfen, die der Staat für eine existentielle Absicherung bei Arbeitslosigkeit bietet.

Weitere Probleme, die heute im Vordergrund stehen, seien kurz skizziert:
— Aufenthaltsrecht
— Familienzusammenführung
— Koordinierung von Integrationsmaßnahmen
— Arbeitslosenhilfe und Sozialhilfe wie an jeden Deutschen.

Hier gibt es noch viel zu tun, um zu einer unseren ausländischen Mitbürgern gerechten Lösung zu kommen.

Die vorgetragenen Probleme berühren die große Politik und sind von den Gemeinden nur begrenzt beeinflußbar.

Gleichwohl hat sich auch auf kommunaler Ebene in den letzten drei Jahren einiges gewandelt.

Wenn diejenigen, die aus anderen Städten hier in den kommenden Tagen bei uns zu Gast sind, einmal in einer der Pausen Gelegenheit haben, zum Ausländeramt in die 3. Etage mit dem Fahrstuhl zu fahren, dann werden sie schon rein äußerlich erkennen, wie auch eine Kommunalverwaltung Öffentlichkeitsarbeit und wirksame Information ihrer ausländischen Einwohner über ihre Aufenthaltsrechte miteinander verbinden kann.

Doch dabei geht es nicht nur um die Optik:

Das für ein Ausländeramt in der Bundesrepublik Deutschland sicher ungewöhnlich positive Verhältnis zwischen Mitarbeitern des Amtes und den ausländischen Einwohnern drückt sich nicht zuletzt auch in der Tatsache aus, daß die Zahl der unbefristeten Aufenthaltserlaubnisse und Aufenthaltsberechtigungen innerhalb der Stadt Essen bei dem dafür in Frage kommenden Personenkreis bei zusammen ca. 70 % liegt und damit mehr als doppelt so hoch ist wie der Bundesdurchschnitt.

In den letzten drei Jahren hat auch der Ausländerbeirat eine neue Satzung bekommen, die ihm mehr politische Mitwirkungsrechte verschafft. Im kommenden Jahr sollen die ausländischen Vertreter des Beirates direkt von den ausländischen Einwohnern gewählt werden. Morgen abend, während der in diesem Raume stattfindenden turnusmäßigen Sitzung des Ausländerbeirates geht es vor allem um die Diskussion einer Wahlordnung für die Direktwahl. Ich möchte Sie herzlich einladen, an der Sitzung des Ausländerbeirates morgen teilzunehmen.

Über die Vielzahl von stadtteilbezogenen Programmen und Aktivitäten, wie sie auch in einem Handlungsprogramm zur Integration ausländischer Arbeitnehmer und ihrer Familienangehörigen vorgeschlagen und teilweise schon praktiziert werden, werden Sie im Laufe der nächsten drei Tage noch nähere Informationen erhalten, so daß ich an dieser Stelle meine einleitenden Worte schließen kann.

Guten Aufenthalt, fruchtbare Diskussionen und Ergebnisse und »Glück auf«.

Ich erkläre das Symposium für eröffnet und wünsche ihm einen guten Verlauf.

Prof. Dr. Nihat Balkır
Rektor der Uludağ-Universität Bursa

Eröffnungsrede

Meine sehr geehrten Damen und Herren!
Die durch die Zusammenarbeit zwischen der Universität Uludağ und dem Zentrum für Türkei-Studien und durch die Mitarbeit von Lehrkräften zustandekommenen Seminare finden nun seit drei Jahren regelmäßig statt.

Dieses Seminar ist das zweite, das hier in Essen stattfindet.

Ich bedanke mich beim Oberbürgermeister der Stadt Essen, Herrn Peter Reuschenbach und bei den Veranstaltern dieses Seminars ganz herzlich für ihre Mitarbeit und ihr Interesse, das sie gezeigt haben.

Ich würde mich freuen, Sie beim nächsten Seminar in meiner Heimat, in Bursa, begrüßen zu können.

Seit vor 25 Jahren die ersten türkischen Arbeitnehmer mit ihren Familien in die Bundesrepublik Deutschland kamen, hat sich ihre Zahl, abgesehen von den inzwischen zurückgekehrten, der zwei Millionen-Grenze genähert.

Das ist eine beachtliche Zahl. Aus anfänglich nicht vorherzusehenen Gründen sind auch ihre Probleme parallel zu dem Zeitraum und ihrer Zahl gestiegen.

Ich glaube, daß diese Seminare dazu beitragen werden, für die anstehenden Fragen wissenschaftlich fundierte Lösungen zu finden. Wir haben heute die schmerzliche Folge der Tatsache zu tragen, daß wir nicht von vornherein bedacht haben, daß die Migration, die doch schon vor Jahren begonnen hat, solche Probleme mit sich bringen würde.

Diese Seminare werden dazu beitragen, daß die Beziehungen zwischen dem deutschen und dem türkischen Volk gefestigt und die Probleme gelöst werden.

Es ist allgemein bekannt, daß die Anwesenheit der ausländischen Arbeitnehmer, deren Zahl in den letzten 20 Jahren Millionen erreicht hat, zu ernsten Problemen in beinahe allen sozialen und ökonomischen Bereichen in der Bundesrepublik geführt hat.

Gleichzeitig wird akzeptiert, daß diese Probleme ihre Ursache darin haben, daß keine zukunftsgerichteten politischen Schritte unternommen wurden.

Während die Diskussion darüber, ob die Gastarbeiter hierzulande nun zur dauerhaften Wohnbevölkerung zählen, andauert, sind nun die Sozialisations-, Erziehungs- und Berufsausbildungsprobleme der zweiten Generation dazugekommen. Bevor diese gelöst werden konnten, hat die Rückkehrkette der Migration begonnen.

Entgegen den Erwartungen in den westeuropäischen Ländern gab es nach der Ölkrise im Jahre 1973 trotz Rückkehrförderungsmaßnahmen keinen bemerkenswerten Anstieg der Zahl der tatsächlich zurückgekehrten Arbeitnehmer. Der Anwerbestop für weitere ausländische Arbeiter hat dazu geführt, daß die Rückkehr ganz aufgeschoben wurde. Die Wirtschaftskrise von 1973 und die darauf folgende Arbeitslosigkeit mit der Angst, im Heimatland arbeitslos zu werden, führten verstärkt zu dem Bemühen, die jetzige Arbeitsstelle nicht zu verlieren. Die Rückkehr wurde fortwährend verschoben mit dem Ergebnis, daß die Zahl der tatsächlich zurückgekehrten Arbeitnehmer eine sinkende Tendenz aufweist.

Im Laufe der Zeit zogen die meisten Familien zu ihren Angehörigen in die Bundesrepublik, so daß jetzt anstatt von »Arbeiter-Migration« von einer »Arbeiter-Familien-Migration« gesprochen werden kann. Die Mehrzahl der in Europa lebenden türkischen Arbeitnehmer lebt seit mehr als zehn Jahren im Ausland und neigt zunehmend dazu, für immer dort zu bleiben (Korte, 1980).

Trotzdem ist — laut Statistik — für die Zeit nach 1973 ein Anstieg der Rückkehrer-Zahl zu registrieren, der jedoch nur einige Jahre dauerte. Seit 1976 ist diese Zahl rückläufig.

Neben dem Problem der Integration der Türken im Ausland rückt nun das Problem der Wiedereingliederung der Rückkehrer in den Mittelpunkt der Diskussionen.

Wie wir wissen, stellen die wirtschaftlichen und gesellschaftlichen Rahmenbedingungen zusammen mit den individuellen Möglichkeiten eines jeden Rückkehrers die entscheidenden Faktoren der Reintegration im Heimatland dar. Inwieweit in der Türkei Chancen für die Rückkehrer bestehen, welche Probleme auftauchen können, muß eingehend untersucht werden.

Daher ist eine wissenschaftliche Untersuchung dieser Themen notwendig, um eine rationelle Politik betreiben zu können. Obwohl es schon über tausend Veröffentlichungen in der Türkei und der Bundesrepublik Deutschland zu dieser Problematik gibt, dienen die meisten, wie eine kürzlich beendete Studie gezeigt hat[1], eher zur Förderung der politischen Diskussion, ohne Wesentliches zur wissenschaflichen Erörterung der Probleme beizutragen.

Das Zentrum für Türkeistudien als auch die türkische Seite dieses nun zum zweiten Mal stattfindenden Seminars hat sich zum Ziel gesetzt, die anstehenden Probleme hervorzuheben, sie wissenschaflich zu untersuchen und somit mittels eines Dialogs zwischen den beiden Völkern Lösungswege zu einer Verständigung herauszufinden.

Wie ich schon beim letzten Seminar in Essen sagte, möchte ich auch jetzt hervorheben, daß wir das Zentrum für Türkei-Studien in jeder Hinsicht unterstützen werden.

Meine sehr geehrten Damen und Herren,

Der Wunsch eines jeden Arbeiters ist es, eine dauerhafte Arbeit für sich oder seine Kinder zu haben und den Lebensunterhalt seiner Familie zu sichern. Daher wird er dort bleiben, wo er dieses Ziel erreichen kann. Erst dann wird seine soziale Integration und seine Reintegration wirklich stattfinden. In diesem dreitätigen Seminar werden diese Punkte erörtert. In der Hoffnung, daß es erfolgreich und die Ergebnisse nützlich sein werden, begrüße ich Sie herzlich.

1) Annotierte Bibliographie 1960-1984. Hrsg. Universität Ankara, Fakultät für Politische Wissenschaften; Zentrum für Türkei-Studien, Bonn, Prof. Dr. Nermin Abadan Unat, Prof. Dr. Ursula Boos-Nünning, 1986

Dr. Liselotte Funcke
Beauftragte der Bundesregierung
für die Integration ausländischer Arbeitnehmer
und ihrer Familienangehörigen

Eröffnungsrede

Sehr geehrter Herr Dr. Şen, Herr Bürgermeister, Herr Generalkonsul, Herr Prof. Balkır und liebe Frau Prof. Akçaylı,

auch ich freue mich, daß die Serie der Seminare hier fortgesetzt wird, denn es ist die gute Gelegenheit, die Kontakte, die auf wissenschaftlicher Basis, aber auch zwischen den Menschen geknüpft wurden, die an dieser Frage arbeiten, sei es in der Türkei, sei es hier, zu festigen und zu vertiefen und gemeinsam nach Lösungen zu suchen.

Wir haben in diesen Tagen ein Jubiläum. Genau am 20. Dezember 1955 unterschrieb die damalige Bundesregierung die erste Anwerbevereinbarung mit der italienischen Regierung. Und so kamen vor 30 Jahren die ersten Italiener nach Deutschland. 25 Jahre ist es her, daß die ersten türkischen Arbeitnehmer in die Bundesrepublik Deutschland kamen und von Jahr zu Jahr ist ihre Zahl gestiegen. Heute sind etwa eine halbe Million türkischer Arbeitnehmer in unserem Lande beschäftigt, und wie wir eben hörten, haben noch weit mehr hier gearbeitet und das Leben hier kennengelernt, bevor sie in die Türkei zurückgekehrt sind.

Es war ja so, daß in jener Zeit der Wiederaufbau der zerstörten Städte, der Neubau vieler Wohnungen und die schnelle Entwicklung der am Boden liegenden Wirtschaft viele Arbeitskräfte erforderte, und da fehlte es aufgrund der Kriegsverluste, der Gefangenschaft, und der Kriegsverletzungen besonders an jungen Männern, z.B. im Untertagebergbau, in Gießereien, im Hoch- und Tiefbau, in der Fahrzeugindustrie und beim Gleisbau.

Ich denke, daß heute viel zu wenig gesehen und bedacht

wird, welche Leistungen die ausländischen Arbeitnehmer erbracht haben und auch heute erbringen. Die Entwicklung der hohen Exportrate, die Verkürzung der Arbeitszeit und die ständig steigenden Rentenzahlungen wären ohne den Beitrag der Männer und Frauen aus den Mittelmeerländern in dem bestehenden Umfang nicht möglich gewesen. Noch heute zahlen die ausländischen Arbeitnehmer jährlich weit mehr in die Rentenversicherung ein, als an sie herausgezahlt wird, — trotz der Beitragserstattungen an rückkehrende Türken und Portugiesen.

Durch die Anwerbevereinbarung wurde sichergestellt, daß die Arbeitsbedingungen und die Rechte aus dem sozialen Bereich in gleicher Weise den ausländischen Arbeitnehmern zugute kommen sollten wie den deutschen, um damit einer Ausbeutung entgegenzuwirken und geordnete Arbeitsverhältnisse sicherzustellen. Sonst haben sich die Politiker nicht sehr mit den Fragen der ausländischen Arbeitnehmer beschäftigt. Es war sichergestellt, daß die Betriebe für Unterkunft sorgten, und da die meisten Arbeitnehmer allein gekommen waren, gab es innerhalb der Gesellschaft wenig Regelungsbedarf. Aber schon bald wurden mit der Verlängerung der Arbeitserlaubnisse und Aufenthaltserlaubnisse Familienmitglieder nachgezogen, insbesondere nach dem Anwerbestopp, und immer mehr ausländische Kinder wurden in der Bundesrepublik Deutschland geboren. Heute zählen wir unter den ausländischen Kindern und Jugendlichen bis 16 Jahre ⅔, die bereits bei ihrer Geburt in deutschen Standesämtern angemeldet wurden. Daraus ergeben sich neue Aspekte in der Frage um Integration und Daueraufenthalt. Die Statistik weist aus, daß über 50 % der ausländischen Arbeitnehmer bereits über 10 Jahre hier sind. In Wirklichkeit ist die Dauer der Beschäftigung weitaus länger, denn Kinder unter 10 Jahren drücken die Statistik nach unten, weil sie noch gar nicht 10 Jahre leben. Ich schätze, daß über ¾ der ausländischen Arbeitnehmer bereits seit weit mehr als 10 Jahren in der Bundesrepublik Deutschland leben. Dieser langen Aufenthaltsdauer entspricht jedoch nicht ihre rechtliche Position. Es wurde schon auf die bestehende große Unsicherheit hingewiesen, die noch heute in vielen ausländischen Familien herrscht. Unsicherheit zunächst einmal über den Aufenthalt. Denn eine Aufenthaltsberechtigung, die man nach achtjährigem Aufenthalt beantragen kann, haben weit weniger als 10%. Ich freue mich, daß der Anteil in Essen größer ist, aber allgemein haben noch nicht 10 von 100, die von der Dauer des Aufenthalts dazu berechtigt wären, die Aufenthaltsberechtigung. Einer der Gründe dafür ist, daß diese auf Antrag zu gewährende Aufenthaltsberechtigung an Bedingungen geknüpft ist, die nicht von jeder Familie erfüllt werden können. Ich denke hier besonders an die geforderte Größe der Wohnung. Oder man traut sich nicht zum Ausländeramt zu gehen, um solch einen Antrag zu stellen, aus Angst, daß dabei Mängel aufgedeckt werden.

Ich freue mich daher, daß in gemeinsamer Arbeit des Deutschen Gewerkschaftsbundes, der Caritas, Arbeiterwohlfahrt und des Diakonischen Werkes eine große Aufklärungsaktion in die Wege geleitet worden ist, um auch diejenigen, die bisher noch nicht die Notwendigkeit gesehen haben, sich einen gesicherten Aufenthalt zu beschaffen, zu einem entsprechenden Antrag zu bewegen. Denn in einer Zeit großer Arbeitlosigkeit ist es ein Risiko, wenn auch nicht immer der Fall, daß nach einer längeren Zeit der Arbeitslosigkeit oder gar bei Bezug von Sozialhilfe die Aufenthaltserlaubnis nicht mehr verlängert wird, oder daß sogar eine unbefristete Aufenthaltserlaubnis in eine befristete umgewandelt wird, die dann eines Tages ausläuft.

Nach meinen Vorschlägen sollte einem ausländischen Arbeitnehmer nach 8-jährigem Aufenthalt auch ohne erschwerende Bedingungen, wie Sprachprüfungen, Wohnungsgröße, oder dem Nachweis einer Dauerbeschäftigung die Aufenthaltsberechtigung zuerkannt werden. Das würde eine große Unsicherheit von vielen ausländischen Familien nehmen. Und in zunehmendem Maße wächst auch das Bedürfnis, eine Aufenthaltserlaubnis eigenen Rechtes den nachgezogenen Familienangehörigen zu geben, denn Familien können auseinanderbrechen, es kann der zuerst Hierhergekommene sterben, und dann sind die nachgezogenen Familienangehörigen nach der heutigen Rechtslage nicht sicher, ob sie hierbleiben können. Es kann dann, insbesondere wenn Sozialhilfe in Anspruch genommen wird, der Aufenthalt beendet werden. Und was das bedeutet, besonders für lange hier lebende oder gar hier aufgewachsene junge Menschen, das werden wir hier in diesen Tagen noch bei der Frage der Rückkehrprobleme intensiv besprechen. Ich bin sehr froh, daß diese Vorschläge neuerdings von Kirchen, Wohlfahrtsverbänden und Gewerkschaften unterstützt werden.

Notwendig sind auch Verbesserungen bezüglich des Familiennachzugs. Wir kennen die Bestimmungen, die seit 1981 gelten, daß Ehegatten der 2. Generation nur nachziehen können, wenn der hiesige Partner 18 Jahre alt ist, mindestens 8 Jahre hier lebt und die Ehe schon 1 Jahr besteht. In Baden-Württemberg und Bayern wird sogar eine 3-jährige Bestandsdauer gefordert, mit den zum Teil tragischen Folgen, daß nach 3-jähriger Trennung eine Ehe möglicherweise zerbrochen ist. Hier wäre es notwendig, auch um der Einheitlichkeit willen, klare gesetzliche Bestimmungen zu erlassen, denn nach der heutigen Rechtslage ist den Bundesländern viel Spielraum für unterschiedliche Bestimmungen belassen.
Umstritten ist das Alter, bis zu dem minderjährige Kinder zu ihren Eltern nachziehen können. Gefordert wurde von verschiedenen Seiten, den Nachzug auf Kinder bis zu 6 Jahren zu begrenzen. Ich bin froh, daß die Bundesregierung nach längeren Diskussionen jetzt von einer solchen Begrenzung absieht. Sie hat eindeutig erklärt, daß eine weitere Einschränkung beim Familiennachzug nicht vorgesehen sei. Um so wichtiger ist es, denke ich, bei den Bestimmungen um den Ehegattennachzug zu Ausländern der zweiten und dritten Generation zu einer besseren Lösung zu kommen, als sie die Empfehlung der Bundesregierung von 2. Dezember 1981 vorsah. Diese Empfehlung wurde von den Bundesländern unterschiedlich übernommen. Das bringt den deutschen Konsulaten in der Türkei aber auch in anderen Ländern die Schwierigkeit, bei der Erteilung eines Visums entweder den unterschiedlichen Ländererlassen zu folgen oder den Bundesempfehlungen. Ich denke, daß die jetzigen Gespräche zwischen der deutschen und der türkischen Regierung bezüglich der Assoziierung Verbesserungen insbesondere bei der Familienzusammenführung bringen wird.

Da das vorgesehene Gesetz zur Novellierung des Ausländerrechts in dieser Legislaturperiode wohl nicht mehr zur Diskussion steht, bleibt es in manchen Fällen bei Unsicherheiten, die man mit einem Gesetz hätte ausräumen können. Umso wichtiger ist es, daß dafür die Voraussetzungen, nicht zuletzt auch in diesem Seminar, geschaffen werden, damit man eine, wenn auch theoretische, Grundlage für weitere Regelungen hätte.

Ein Schwerpunkt der politischen Aufgaben liegt zweifelsohne bei den Ländern bezüglich der Schule. Hier aufwachsende ausländische Kinder werden, das ist die überwiegende Auffassung aller Länder und auch der hier Anwesenden, in gemeinsame Klassen mit deutschen und anderen ausländischen Kindern eingestuft. Nur in Bayern haben wir die Besonderheit von nationalen Klassen. Ich denke, daß es richtig ist, die Kinder gemeinsam aufwachsen zu lassen, um damit von Anfang an Gemeinsamkeiten zu schaffen, Vorurteile abzubauen und gleiche Rechte zur beruflichen Ausbildung zu schaffen. Lag noch in den letzten Jahren die Zahl der ausländischen Kinder, die den Hauptschulabschluß oder einen weiterführenden Abschluß hatten, etwas über 50%, so steigt er von Jahr zu Jahr an. In Nordrhein-Westfalen lag der Anteil im letzten Jahr bei 78%.

Sicher spielt eine Rolle dabei, daß die Zahl der sogenannten »Seiteneinsteiger« erheblich zurückgegangen ist; aber es zeigt sich auch, daß die sprachliche Kompetenz der ausländischen Kinder erhebliche Fortschritte gemacht hat. Die Kinder und Jugendlichen sind oft mit großem Eifer bei der Sache und schaffen die schulischen Anforderungen, die sicher nicht leicht sind. Umso bedrückender für sie ist es dann, wenn sie, obwohl sie die Voraussetzungen für eine qualifizierte Berufsausbildung vorweisen können, nicht den gewünschten oder gar keinen Ausbildungsplatz bekommen.

Hier deuten sich allerdings ab Sommer 1986 Erleichterungen an. 1985 war das Jahr, in dem es die höchste Zahl von Schulabgängern gab. Denn die deutschen Geburtenzahlen sanken von 1968 an kontinuierlich bis 1973 ab und zwar um durchschnittlich fast 100 000 pro Jahr. Das bedeutet, daß einschließlich der ausländischen Jugendlichen die Zahl der 16-jährigen im Jahr 1989/90 unter 60% der heutigen Jahrgangsstärke liegen wird. Wenn dann auch noch mehr deutsche und ausländische Kinder zu den weiterführenden Schulen gehen, wird die Zahl der 15 oder 16-jährigen Anwärter für eine gewerbliche oder kaufmännische Ausbildung noch weiter zurückgehen, so daß mehr und mehr mit Bedarfslücken zu rechnen ist. Umso wichtiger ist es deshalb, seitens der Schule alles zu tun, um Schwierigkeiten im

Bildungsprozeß durch rechtzeitige Hilfen zu überwinden und Jugendlichen ohne Hauptschulabschluß durch Sondermaßnahmen einen gleichwertigen Abschluß zu vermitteln.

Dazu gehören besonders auch die vorschulischen Bemühungen, sei es in Kindergärten oder Schulkindergärten, sei es in freiwilligen Spiel- und Lerngruppen unmittelbar vor der Einschulung, in denen die Kinder sprachlich gefördert und auf das Zusammensein mit fremden Kindern und die Einordnung in die Gemeinschaft vorbereitet werden.

In der Schule sollte weiterhin — soweit erforderlich — Förderunterricht für diejenigen Schüler erteilt werden, die noch Schwierigkeiten mit der deutschen Sprache haben, so daß spätestens beim Übergang in die Mittelstufe ausländische Kinder dem Unterricht in allen Schulformen folgen können.

Bei der gemeinsamen Schulerziehung der deutschen und ausländischen Kinder darf allerdings eines nicht übersehen werden. Wir brauchen den muttersprachlichen Ergänzungsunterricht. Er soll helfen, daß die Kinder die Heimatsprache und die Kenntnis von der Geschichte und Kultur ihrer Heimat behalten und erhalten. Das ist besonders wichtig für diejenigen, die einmal dorthin zurückkehren. Aber auch die Kinder, die auf längere Zeit oder für immer in Deutschland bleiben, sollten mit der Sprache, Kultur und Geschichte ihres Heimatlandes vertraut gemacht werden oder vertraut bleiben und damit — auch in fremder Umgebung — die Wertmaßstäbe und Lebensordnung ihrer Eltern besser verstehen lernen. Es ist schon so, daß die Sprache mehr ist als ein Verständigungsmittel. Die Muttersprache, die das Kind in den ersten Jahren lernt, ist die Sprache der Emotion, des Urvertrauens, die Sprache auch der frühen religiösen Eindrücke, von der man nicht abgeschnitten werden sollte, so gut man sich auch in einer zweiten Sprache verständlich machen kann.

Die Zahl der türkischen Kinder mit deutschem Abitur steigt von Jahr zu Jahr und damit die Frage, wie diese Kinder im Studium behandelt werden. Sie gelten als Ausländer und werden deshalb auf die sogenannte »Ausländerquote«, nämlich 6% in den harten Numerus-Klausus-Fächern oder andere Quoten an verschiedenen Universitäten und Fachhochschulen angerechnet, so daß es mitunter nicht möglich ist, dort einen Studienplatz zu bekommen, wohin man sich beworben hat. Während deutsche Studienbewerber über die Zentrale Vermittlungsstelle in Dortmund auf jeden Fall in irgendeiner Hochschule einen Studienplatz zugewiesen bekommen, fehlt für Ausländerkinder mit deutschem Abitur diese Hilfestellung. Deshalb bemühe ich mich schon seit längerer Zeit in Gesprächen mit der Rektorenkonferenz und der Kultusministerkonferenz zu erreichen, daß diese Kinder, die man interessanterweise »Bildungsinländer« nennt, wirklich als Inländer bezüglich der äußeren Bedingungen behandelt werden, d.h. sie auf die allgemeine Inländerquote zu nehmen und auch ihnen mit Hilfe der Verteilungsstelle einen Studienplatz zu vermitteln. Und das gilt für Fachschulen, höhere Fachschulen und andere ebenso.

Das Thema des Vortrags lautet: »Türken in unserer Gesellschaft«. Das hat sicher etwas mit der Akzeptanz zu tun. Eine kürzliche Umfrage auf Veranlassung des Bundesinnenministeriums kommt zu dem Ergebnis, daß es die vielzitierte Ausländerfeindlichkeit allgemein nicht gäbe. Darüber mag jeder seine eigenen Erfahrungen und Ansichten haben. Sicherlich ist die militante, von einer kleinen Gruppe lautstark vorgetragene Ausländerfeindlichkeit der letzten Jahre abgeklungen, und sicherlich gibt es auch viele gute Beispiele von Freundschaften und Hilfsbereitschaft. Aber ich meine, wir sollten hier nichts beschönigen. Es gibt zweifellos viele bittere Erfahrungen, die Türken in unserem Lande machen, von dem Hinweis »Wir vermieten nicht an Ausländer« bis zu jener Kaltherzigkeit, die Günther Wallraff in seinem neuen Buch »ganz unten« aufgezeigt hat, wie in manchen Bereichen ausländische Arbeitnehmer, vor allem, wenn sie sich nicht wehren können, behandelt werden. Deshalb ist ein weiterer Aufruf an die deutsche Bevölkerung notwendig, sich bewußt zu machen, daß die lange Zeit in Deutschland lebenden Arbeitnehmer und ihre Familienangehörigen zu uns gehören, auch wenn sie anders sind. Integration meint ja nicht die Aufgabe der eigenen Identität, Nationalität und Religion, sondern sie meint ein friedliches Zusammenleben, ein Aufeinanderzugehen und Miteinanderleben von Ausländern und Deutschen im Respekt vor der Andersartigkeit, die man ja, es wurde eben erwähnt, auf Reisen im Ausland als interessant und bemerkenswert begrüßt.

Erfreulicherweise gibt es neben der Gleichgültigkeit und Abwehr aber auch eine Menge positiver Beispiele für Gemeinsamkeit. Ich habe in meiner Kartei die Namen und Adressen von über 1 500 Initiativen der Ausländerarbeit. Darin sind die großen Verbände noch nicht einmal eingeschlossen. Es geht um Initiativen von Deutschen und Ausländern in Freundschaftsgruppen, es geht um kulturellen Austausch, Pflege der Folklore, Kinderspielgruppen, Frauentreffs oder Schularbeitshilfe. In diesen Gruppen werden Kontakte geknüpft, das gegenseitige Verständnis vertieft und Freundschaften geschlossen. Manche Mitglieder sind in den letzten Jahren etwas entmutigt worden angesichts der spürbar gewordenen Abwehr in Teilen der deutschen Bevölkerung gegen Ausländer. Doch die meisten halten durch und führen ihre selbstgestellte Aufgabe fort, um Zeichen der Gemeinsamkeit von beiden Seiten zu setzen.

Für wichtig halte ich die verstärkte Einrichtung von Ausländerausschüssen oder -beiräten in den Gemeinden und Ländern. Da es — soweit erkennbar — vorerst keine Mehrheit im Deutschen Bundestag und Bundesrat zur Einführung des kommunalen Wahlrechts für Ausländer geben wird, sollte wenigstens die Möglichkeit der gemeinsamen Beratung kommunaler Fragen intensiviert werden. Dadurch werden Kontakte zu den Ratsvertretern und Behörden geschaffen, und die Probleme der ausländischen Bevölkerung kommen stärker zur Sprache.

Übrigens, Herr Bürgermeister, kann ich Ihnen ein Kompliment machen: In den vielen Einzeleingaben von Betroffenen oder von Deutschen, die sich für Betroffene an mich wenden, habe ich meines Wissens keinen einzigen Brief aus Essen vorliegen. Es zeigt sich also, daß hier mit viel Verständnis gearbeitet wird, um Härtefälle zu vermeiden.

Eine wichtige Voraussetzung für das Sich-kennenlernen ist die Fähigkeit, sich auf deutsch verständigen zu können. Das gilt für die Kinder ebenso wie für die Erwachsenen. Anfänglich haben die ausländischen Arbeitnehmer es kaum für notwendig gehalten, sich über alltägliche Begriffe hinaus um die deutsche Sprache zu bemühen. Man lebte zusammen mit Landsleuten in den Betriebsunterkünften und sah zudem den Aufenthalt nur als vorübergehend an. Und die Ehefrauen mögen sich fast instinktiv gegen die fremde Sprache gewehrt haben, in der Hoffnung, in ihrer Wohnung die Sprache, Kultur und Tradition der Heimat festhalten zu können.

Doch bringt die Sprachlosigkeit Einsamkeit und Isolierung innerhalb der Gesellschaft mit sich, die, je länger man in der Fremde lebt, umso schwerer lastet. Darum sollten sich alle Familienmitglieder — auch wenn die Rückkehr vorbehalten bleibt — bemühen, die Sprache des Gastlandes zu erlernen, denn die Möglichkeit der Verständigung ist nun einmal der Schlüssel zum Verstehen. Anders geht es nicht. Deswegen ist es gut, daß der Sprachenverein mit mehr Mitteln versehen wurde,um Kurse finanzieren zu können. Ich möchte alle ausländischen Berater und diejenigen, die Kontakt zu ihren Landsleuten haben, immer wieder bitten, mit zu motivieren, daß die Sprache gelernt wird. Ein Weg dazu wäre es auch, in die vorschulische Erziehung der Kinder die Mütter mit einzubinden. Es gibt eine interessante Untersuchung in England, nach der Kinder am leichtesten die englische Sprache gelernt haben, wenn sie mit den Müttern gemeinsam lernten, während in Gruppen, in denen die Kinder oder die Mütter allein unterrichtet wurden, die Erfolge nicht so groß waren.

Ich denke aber noch an eine andere Form der Verständigung; ich meine die Kunst. Es gibt erstaunlich viele Schriftsteller, Dichter und Maler aus anderen Ländern, die in Deutschland leben, zum Teil schon längere Zeit, und hier Kunstwerke schaffen. Soweit es sich um Dichter und Schriftsteller handelt, schreiben sie zunächst oft in der Heimatsprache, zunehmend aber auch zweisprachig oder in Deutsch. Es sind erstaunliche Kunstwerke, aber auch Dokumente der Aussage darüber, was es heißt, in der Fremde zu leben. Wir hatten vor einiger Zeit die Ausstellung sieben türkischer Künstler in Berlin und ich bin jetzt dabei eine Ausstellung von Künstlern aus vielen Ländern vorzubereiten, weil ich denke und erfahren habe, daß über solche Aussagen mehr vermittelt werden kann an Betroffenheit als mit noch so schönen Vorträgen. Hier sieht man, spürt man, was der Einzelne an Bedrängnis erlebt und wie er an der Anonymität, in der er lebt, und an der Unverbindlichkeit unserers gesellschaftlichen Lebens leidet. Und man erfährt was er einbringt an Emotionalität, Traditionen, Betroffenheit und Menschlichkeit. Alles dies sollte in stärkerem Maße vermittelt und erfahrbar gemacht werden.

Vor kurzer Zeit ist das Buch von Güther Wallraff »ganz untern« erschienen und hat bereits eine Auflage von über einer Million erreicht. Es hat zweifellos aufgerüttelt und das Bewußtsein dafür gestärkt, daß Ausländer in Deutschland nicht nur Arbeitskräfte und Konsumenten sondern Mitmenschen sind, Menschen mit ihrem individuellen Schicksal, ihren Leiden, Zweifeln, ihrem Zorn und ihrer Resignation.

Über die Probleme der Rückkehr wird in diesen Tagen von Berufeneren gesprochen. Ich weiß um die Ambivalenz dieser Frage. Die Türkei und Deutschland müssen sich gemeinsam bemühen, denjenigen Türken, die zurückkehren wollen, ausreichende Informationen und Möglichkeiten zu bieten. Auch für die Kinder und Jugendlichen. Dazu verpflichtet uns nicht zuletzt die traditionelle Freundschaft zwischen der Türkei und Deutschland, die über 100 Jahre besteht.

Unsere Welt ist auf Zusammenarbeit und Freundschaft angewiesen, wenn der Friede erhalten werden soll. Die Verständigung auf internationaler Ebene ist jedoch entscheidend von der Haltung der Völker zueinander abhängig. Darum hat die Behandlung der türkischen Bevölkerung hier seitens der Regierung und Verwaltung und seitens der Bevölkerung internationale Dimensionen. Völker mögen sich zwar durch Verträge und Freundschaftsabkommen binden, die verläßliche Bindung liegt aber da, wo Menschen über nationale Grenzen hinweg Freundschaft schließen.

Prof. Dr. Nurhan Akçaylı

Die türkischen Rückkehrer und ihre Chancen in den Türkei-Auswirkungen des Rückkehrförderungsgesetztes aus türkischer Sicht

Der Wunsch des migranten Arbeitnehmers ist die Sicherstellung einer dauerhaften Arbeit und einer zuverlässigen Einkommensgrundlage, welche nach seiner Rückkehr in die Heimat seine Existenz und diejenige seiner Kinder sicherstellt. Die soziale Anpassung des Arbeitnehmers kann sich erst auf dieser Basis entwickeln und zwar in Vereinbarung seiner eigenen Mittel mit den Möglichkeiten und Alternativen, die ihm durch seine unmittelbare Umgebung angeboten werden.

Wenn der türkische Abeitnehmer diese Garantie in der Türkei findet, wird er sich zu einer Rückkehr entschließen. Wenn er jedoch diese Garantie in der Bundesrepublik findet, wird er sich gegen alle Maßnahmen der Rückkehrförderung verwahren und sich bemühen, in der Bundesrepublik bleiben zu können.

Der kürzeste Weg zur Beantwortung der Frage, in welche Richtung die Lebensplanung der Türken natürlicherweise tendieren wird, ist die Darstellung eines Vergleichs zwischen der Türkei und der Bundesrepublik, unter Berücksichtigung des gesamten Arbeitskräfteangebots, der gesamten Arbeitskraftnachfrage, des gesamten Produktionsvolumens und ähnlicher Makrogrößen. Im Rahmen der Darstellung einer Vergleichstabelle wird es den Zuhörern überlassen bleiben, eine Entscheidung zu treffen darüber, ob die Zukunftschancen der türkischen Arbeitnehmer in der Bundesrepublik oder in der Heimat zu sehen sind.

I. Vergleichstabelle zwischen der Türkei und der Bundesrepublik und deren Auswirkung auf die rückkehrenden Türken

1. In der Bundesrepublik Deutschland betrug die Anzahl der Arbeitslosen im Februar 1984 2.233 Millionen. Im Mai 1985 ist diese Zahl auf 2.327 Millionen gestiegen. Ab Mai ist ein Rückgang eingetreten, woduch die Zahl der Arbeitslosen im September desselben Jahres bis auf 2.298 Millionen gesunken ist. Es ist zu erwarten, daß diese Zahl im Jahre 1986 auf rund 2.250 Millionen sinken wird. Anders ausgedrückt, es kann behauptet werden, daß der Rückwärtstrend in der Zahl der Arbeitslosen anhalten, aber sich in einem langsamen Rhythmus entwickeln wird. (Bundesanstalt für Arbeit, Tageszeitung Cumhuriyet, 1.11.1985, Ulagay)

Anfang 1985 betrug die Zahl der registrierten Arbeitslosen in der Türkei nach den Angaben des Arbeitsamtes 863.589. Da es in der Türkei keine Arbeitslosenversicherung gibt, ist die exakte Zahl der Arbeitslosen nicht zu benennen. Gemäß den Schätzungen der Wissenschaftler beträgt die Gesamtzahl der Arbeitslosen in der Türkei rund 3,5 Millionen. Dies entspricht einer Arbeitslosenrate von über 23%.

2. Nach den Angaben von Anfang 1985 besteht 63,5%, d.h. rund 2/3 der Arbeitslosen in der Bundesrepublik aus unqualifizierten Arbeitskräften und 36,5% aus qualifizierten Arbeitskräften. (Bundesanstalt für Arbeit, Tageszeitung Cumhuriyet, 1.11.1985)

Nach den Angaben des Arbeitsamtes waren zu Anfang 1985 54% der Arbeitslosen in der Türkei unqualifizierte Arbeitskräfte. Im allgemeinen sind 11,6% der Arbeitslosen Analphabeten, 6,1% ohne Grundschuldiplom, 54,7% Grundschulabsolventen, 8,7% Mittelschulabsolventen, 13,2% Gymnasialsabsolventen und 5% Hochschulabsolventen. Daraus ist zu schließen, daß 72% der Arbeitslosen eine Gruppe mit Grundschuldiplom und niedrigerer Ausbildung darstellen.

3. In der Bundesrepublik Deutschland beträgt der Anteil der Arbeitslosen in der Altersgruppe unter 20 8,1%, der Anteil der Arbeitslosen in der Altersgruppe über 59 4,8%.

Anfang 1984 betrug der Anteil der Jugendlichen in der Altersgruppe unter 24 an der Gesamtgruppe der Arbeitslosen in der Türkei 53,8% und der Anteil der Arbeitslosen in der Altersgruppe über 45 rund 1%. In der Türkei sind 11% der Jugendlichen in der Altersgrupe der 15-19jährigen arbeitslos, wobei dieser Prozentsatz in der Stadt und den Bezirkszentren 29% Prozent beträgt. Der Anteil der jungen Arbeitslosen ist ziemlich hoch.

4. Aufgrund der fallenden Geburtsraten wird die Bevölkerung der Bundesrepublik Deutschland immer älter. Eine Bevölkerungsstudie des Deutschen Institutes für Wirtschaftsforschung kommt zu dem Ergebnis, daß die deutsche Bevölkerung von 57,2 Millionen zu Anfang 1958 auf einen mittleren Wert von 53,8 Millionen im Jahre 2000 und weiter auf 41,4 Millionen im Jahre 2030 sinken wird.

Die Türkei hat dagegen eine junge dynamische Bevölkerungsstruktur. 42% der Gesamtbevölkerung werden aus der Altersgruppe der 0-14jährigen gebildet, 54% aus der Altersgruppe der 15-64jährigen und nur 4% aus der Altersgruppe der 65jährigen und höher. Nach Schätzungen wird die Wachstumsrate der Bevölkerung von 21,6% in der Periode 1980-85 auf 21% in der Periode 1985-1990 sinken. Seit Anfang der 70er Jahre begann der Anteil der Altersgruppe der 15-16jährigen in der Gesamtbevölkerung zu steigen. Nach den Voraussagen wird sich dieser Trend fortsetzen, und am Ende der Planungsperiode wird der Anteil dieser Bevölkerungsgruppe innerhalb der Gesamtbevölkerung auf 60,4% steigen. (5. Plan, S. 127)

Gemäß der letzen Zahlenangaben wird in der Bundesrepublik in den 80er Jahren in der Zahl der arbeitssuchenden Jugendlichen ein beträchtlicher Anstieg beobachtet, welcher auf den rapiden Zuwachs der Geburtsraten von 1960-66 zurückzuführen ist. Daher ist es zu erwarten, daß die Differenz zwischen den Gruppen im Arbeitsalter und außerhalb des Arbeitsalters, die zu Gunsten der ersten Gruppe entstanden ist, d.h. daß der Nettoüberschuß am Arbeitskräfteangebot bis zum Jahre 1990 in abnehmenden Maße andauern wird. Jedoch wird damit gerechnet, daß ab 1990 wieder ein Mangel im Arbeitskraftangebot eintreten wird. Nach diesen Einschätzungen werden sich die im Arbeitskräfteangebot erwarteten Überschüsse und Mängel wie folgt auf die angegebenen Jahre verteilen:

1984 = + 267 Tausend	1988 = + 50 Tausend	1992 = — 92 Tausend
1985 = + 181 Tausend	1989 = + 11 Tausend	1993 = — 126 Tausend
1986 = + 128 Tausend	1990 = — 51 Tausend	1994 = — 179 Tausend
1987 = + 100 Tausend	1991 = — 81 Tausend	1995 = — 195 Tausend

In der Türkei dagegen wird der Überschuß am Arbeitskräfteangebot im Jahr 1989 mit 2.697 Million, d.h. mit 13,9% berechnet. (5. Fünfjahresplan, S. 128)

Diese Zahlenangaben bezüglich des Arbeitskräfteangebots sind nur dann gültig, wenn eine jährliche Wachstumsrate von 6,11% verwirklicht wird. In unserem Land jedoch beträgt die Wachstumsrate rund 4%.

Das gesamte Arbeitskräfteangebot und die gesamte Arbeitskraftnachfrage in der Türkei (1970-1989) (Tausend Personen)

	1970	1975	1980	1984	1989
Arbeitskräfteangebot	14.375	15.916	17.063	18.016	19.475
Arbeitskräftenachfrage	13.682	14.696	15.231	15.706	17.174
Versteckte Arbeitslose im Agrarsektor	1.100	900	700	665	414
Arbeitskräfteüberschuß außerhalb des Agrarsekrors	692	1.220	1.832	2.310	2.697
Gesamter Arbeitskräfteüberschuß	792	2.120	2.532	2.975	2.697
" " (%)	12.5	13.3	14.8	16.5	13.9

Quelle: Staatliches Planungsamt, 5. Fünf-Jahresplan, S. 131

5. In der Bundesrepublik wird im nächsten Jahr eine Wachstumsrate von rund 3% erwartet. Jedoch die Wachstumsrate, die der Arbeitslosigkeit entgegenwirken kann, wird auf 6% berechnet.

Im 5. Fünfjahresplan ist in der Türkei die jährliche Durchschnittsrate des Bruttosozialproduktes mit 6.1% vorgesehen. (Plan S. 5)

Gemäß einer Untersuchung des Staatlichen Planungsamtes muß jedoch die Wachstumsrate, die die Arbeitslosigkeit beseitigen kann, mindestens 10% betragen. (Staatliches Planungsamt, 2. Wirtschaftskongreß der Türkei, Band III, S. 96). Jedoch in der historischen Evolution der Planunsperiode in der Türkei konnte eine Wachstumsrate mit höchstens 7% verwirklicht werden. In den letzten Jahren ist diese Rate nur mit 4,5% verwirklicht worden.

Unter diesen Umständen ist eindeutig, daß die immer steigende Arbeitslosigkeit in der Türkei am Ende des Jahres 1989 die Zahl von 2.580 Millionen erreichen wird.

Ich bin überzeugt, daß diese Tabelle eine genügende Erklärung dastellt, in Bezug auf den Umfang der Chancen der rückkehrenden Arbeitnehmer.

II. Die ökonomischen Reintegrationschancen der türkischen Rückkehrer in der Türkei

Alle Untersuchungen deuten darauf hin, daß die rückkehrenden Arbeitnehmer kein Arbeitsverhältnis auf Lohnbasis eingehen wollen und es auch nicht tun. Deswegen muß der remigrierte Arbeitnehmer vor allem das notwendige Kapital gespart haben, damit er in der Türkei ein kleines Geschäft eröffnen und eine Wohnung erwerben kann.

Die Ersparnisse werden im allgemeinen für den Erwerb von Immobilien ausgegeben. Dadurch wird nach der Migration in der Anzahl der Gutsbesitzer im ländlichen Gebiet ein Anstieg, aber in der Anzahl der Personen, die sich mit der Landwirtschaft beschäftigen, ein Rückgang beobachtet. Mit anderen Worten eröffnet die Mehrzahl der Rückkehrer in den ländlichen Gebieten kleine Produktionseinheiten außerhalb des Agrarsektors, wie zum Beispiel Transport-, Handels- und Reparaturgeschäfte. Dabei vermieten sie ihr Land an andere Personen und erhalten durch diese Miete ein zusätzliches Einkommen.

Die Arbeitnehmer, die mit größeren Ersparnissen in die Heimat zurückkehren, eröffnen dagegen kleine unabhängige Betriebe in den Städten, obwohl sie ursprünglich aus ländlichen Gebieten stammen.

In Bezug auf die Arbeitnehmer ländlichen Ursprungs, die in die Städte zurückkehren, wird die Beobachtung gemacht, daß die Mehrzahl von ihnen eine Zeitlang arbeitslos bleibt und dabei einen beträchtlichen Teil ihrer Ersparnisse für den täglichen Verbrauch ausgibt, während sie in in den Städten die Möglichkeiten einer Beriebseröffnung oder Investition untersucht. Natürlich verlieren sie dabei ihr notwendiges Kapital für eine Investition und kehren in ihre Dörfer zurück.

Eine große Mehrheit der Rückkehrer profitiert von den hohen Zinssätzen und setzt eine Existenz als Rentner ohne Arbeit fort.

Es ist eindeutig, daß der einzige Faktor, an den der rückkehrende Arbeitnehmer orientiert ist, der Erwerb eines Betriebes ist, den er selbst verwaltet, der keinen großen Arbeitsaufwand benötigt und der ihm eine unmittelbare Beschäftigung gewährt. Im Rahmen einer solchen ökonomischen Anpassung wird auch die Zielsetzung des remigrierten Arbeitnehmers verwirklicht, seinen ursprünglichen sozialen Ausgangsstatus zu erhöhen.

Ich möchte hier die Frage, ob eine solche Art der Reintegration des remigrierten Arbeitsnehmers mit den Entwicklungsbedingungen der Türkei vereinbar ist oder nicht, beiseite lassen und mich auf die Frage konzentrieren, ob diese vom Arbeitnehmer neu erworbenen wirtschaftlichen Aktivitäten als eine fragwürdige weil marginale Beschäftigung anzusehen sind, oder ob solche Aktivitäten ständige Lösungen sind, die die Reintegrationsprobleme der Rückkehrer beseitigen. (Siehe A. Sadi Gitmez, »Auslandsmigration und Rückkehrer«, Alan Yayincilik, Istanbul, 1983; Ibrahim Yasa, N. Abadan Unat, A. Gitmez, M. Sami Güven, »Rückkehrer und Soziale Wandlung«, TODAIE Publikation, Ankara, 1979)

Vor allem sind die Rückkehrer als Warenhändler, Kaffeehausbesitzer, Taxifahrer, Restaurantbesitzer im hoch gesättigten dritten Sektor in der Türkei tätig. Die Beschäftigung in diesen Branchen stellt für den sowieso gesättigten Dienstleistungssektor in der Türkei eine zusätzliche Last dar. Die Betriebe, die nicht im produktiven Bereich angesiedelt sind und der jeweiligen Region keine Neuigkeit bieten, sind meistens marginal und können nur sich selbst ernähren. Jeder neue Betrieb im Handels-, Dienstleistungs- und vor allem Transportsektor zieht die Kundschaft der anderen Betriebe an, die im gleichen Sektor tätig sind und treibt die ehemaligen Betriebe in eine marginale Lage, ohne einen reellen Nutzen für sich selbst zu sichern. (Siehe I. Yasa, A. Gitmez, in der Zeitschrift »Amme Idaresi«, Band

18, Nr. 3 September 1985)

Weitere Beobachtungen deuten darauf hin, daß mit Ausnahme einiger erfolgreicher Beispiele die wirtschaftliche Tätigkeit der rückkehrenden Arbeitnehmer in der Form einer Betriebseröffnung oder des Handels im allgemeinen mit Mißerfolg endet. (M. Sami Güven, »Berufliche Reintegrationsprobleme der rückkehrenden Arbeitnehmer«, in der Zeitschrift »Amme Idaresi«, Band 18, Nr. 3, September 1985, S. 117 und die hier zitierten I. Yasa und A. Gitmez)

Ein beträchtlicher Teil der einzelnen Unternehmungsgründungen in den Städten und in großen Ansiedlungszentren leidet an Verlusten. Sie müssen den Betrieb stillegen, weil sie nicht imstande sind, genügend Ressourcen zu schaffen, die bestehenden Möglichkeiten auszuwerten und weil sie den Arbeitsmarkt nicht gut kennen.

Im Grunde genommen ist die Ursache des Mißerfolges der Rückkehrer, die im Handels- und Dienstleistungssektor einen Betrieb eröffnen, auf die Tatsache zurückzuführen, daß sie vom Agrarsektor oder Arbeitnehmerwesen in den Handel übergehen, d.h. einen völlig neuen Beruf ausüben. Andererseits müssen die rückkehrenden Arbeitnehmer auch mit den harten Wettbewerbsbedingungen der bestehenden Mittelklasse kämpfen. In ihrer Region werden die remigrierten Arbeitnehmer von ansässigen Kleinhändlern ausgebeutet. Ein Beispiel: Die ansässigen Kleinhändler übertragen ihre Geschäfte, mit denen sie nicht mehr zufrieden sind, an den remigrierten Arbeitnehmer und erwerben dadurch ein beträchtliches Kapital, oder sie verwenden ihre Berufskenntnisse gegen den remigrierten Arbeitnehmer, mit dem Ziel, seinen neuen Betrieb zu zerstören. Eine weitere Gruppe der ansäßigen Kleinhändler will den einheimischen Markt nicht mit den remigrierten Arbeitnehmern teilen, deren Zahl sich von Tag zu Tag vermehrt. Diese Gruppe verhindert eine geschäftliche Entfaltung der Rückkehrerbetriebe und kann sie vom Markt schließlich vertreiben. (Siehe M. Sami Güven, S. 118, und den dort zitierten A. Gitmez)

Die Haltung des Handelssektors gegenüber dem remigrierten Arbeitnehmer wird von A. Gitmez folgendermaßen beschrieben: Der Handelssektor überläßt die remigrierten Arbeitnehmer nicht sich selbst. Um sie nicht an andere zu verlieren wird versucht, die Beziehungen zu den Arbeitnehmern möglichst eng zu gestalten. Dieser Sektor besorgt dem remigrierten Arbeitnehmer Geschäfte, die für ihn uninteressant geworden sind und veranlaßt, daß er verschuldet wird. Da er an ein solches Interesse seitens des Handelssektors überhaupt nicht gewöhnt ist, gerät der remigrierte Arbeitnehmer in eine Euphorie und überschreitet seine finanziellen Mittel. Dadurch können sich etablierte Geschäftsleute auf neue rentable Geschäfte richten, zu denen sie das Kapital des Arbeitnehmers verwenden. Erst sehr spät wird es dem remigrierten Arbeitnehmer klar, in welchem Engpaß er sich befindet. Schließlich ist der Arbeitnehmer gezwungen, in seine ländliche Heimat zurückzukehren, nachdem sein ganzes Kapital aufgebraucht ist. (A. Gitmez, S. 270)

Auch für die in die Dörfer zurückkehrenden Arbeitnehmer gilt der gleiche Prozeß. Ihre Position wird von A. Gitmez folgendermaßen zusammengefaßt: Die mittelständischen Gutsbesitzer in den Dörfern verkaufen ihr Land und ihre berufliche Position für überhöhte Preise an die remigrierten Arbeitnehmer und sammeln dadurch ein Kapital für neue und rentablere Geschäfte. Die wohlhabenden Kreise in den Provinzen und Städten verkaufen an den remigrierten Arbeitnehmer Geschäfte, Häuser, Land. Mit dem Geld, das sie neu erworben haben, eröffnen sie neue und moderne Geschäfte. Sie werden Immobilienhändler und verkaufen Wohnungen an den Remigranten. Sie werden Juweliere und schmücken die Frau oder die Schwiegertochter des Remigranten. Kurz gefaßt, mit dem Geld des remigrierten Arbeitnehmers machen sie rentable Geschäfte, unter Ausnutzung der Bedürfnisse des remigrierten Arbeitnehmers. (A. Gitmez, S. 250, zit. nach M. Sami Güven, S. 118)

In der Folge geraten die meisten Investitionen außerhalb des Agrarsektors sehr schnell in Erosion und der Betrieb beginnt, Verluste aufzuweisen.

Ein weiterer Grund für den Mißerfolg des Arbeitnehmers in seinen Unternehmungen ist der Mangel an staatlicher Unterstützung in Form von Information, Projekten und Beratung, die den Migranten bei ihrer Rückkehr in die Heimat zur Verfügung gestellt werden sollten. Natürlich bedürfte diese Unterstützung ihrerseits einer gesonderten Organisation. Bleibt sie aus, bleibt der Arbeitnehmer im Rahmen seiner engen Perspektiven und sucht sich eine Beschäftigung auf's Geratewohl.

Andererseits ist es auch eindeutig, daß der Mißerfolg des Remigranten in seinen Aktivitäten auch mit den wirtschaftlichen Unklarheiten im Lande zusammenhängt. Die Tatsache, daß der rückkehrende Arbeitnehmer sich auf den Handels- und Dienstleistungssektor richtet, ist zweifellos das Ergebnis einer ungesunden Entwicklung des Dienstleistungssektors im Lande. (M. Sami Güven, S. 119)

Ich möchte nicht auf die Einzelheiten der Arbeitnehmergesellschaften und Entwicklungskooperativen für Dörfer als ein Beispiel kollektiver Unternehmungen in der Reintegration eingehen, weil der Mißerfolg dieser beiden Versuche sowohl in der Türkei, als auch in der Bundesrepublik ziemlich gut bekannt ist.

Arbeitnehmergesellschaften sind ein nur für die Türkei typisches Phänomen, das man in den anderen Entsendeländern im Mittelmeerraum nicht vorfindet. Abeitnehmergesellschaften tätigen Investitionen im Industriesektor der Türkei, ihre Mitglieder sind Rückkehrer aus westeuropäischen Ländern, die an das Entwicklungs- und Technologieniveau dieser Länder gewöhnt sind. Jedoch sowohl in der Heimat, als auch in der Bundesrepublik haben sich ihre Unternehmungen meistens als ein Mißerfolg erwiesen. Diese Unternehmungen haben in der Bundesrepublik große Summen für Feasibility-Studien ausgegeben, haben in der Türkei die Investitionsgenehmigung des Planungsamtes mit großen bürokratischen Schwierigkeiten erhalten, aber als sie sich beispielsweise für die Gründung eines Walzwerkes in Konya entschlossen haben, mußten sie erkennen, daß es in dieser Stadt bereits 52 Walzwerke gab.

Zudem wurden die Entwicklungskooperativen für Dörfer nicht mit der grundsätzlichen Zielsetzung gegründet, zur Entwicklung der Dörfer beizutragen. Die Ausbreitung dieser Kooperativen ist darauf zurückzuführen, daß die Priorität für die Arbeitsaufnahme im Ausland nur für Mitglieder gegeben ist. Genau wie bei den Arbeitnehmergesellschaften konnten auch diese Koooperativen keine Beschäftigungsmöglichkeiten schaffen und ihre Mitglieder bei ihrer Rückkehr in die Heimat nicht unterstützen. (M. Sami Güven, S. 122)

In Bezug auf die ökonomische Reintegration der Rückkehrer der zweiten Generation wurde eine ziemlich umfangreiche Untersuchung durchgeführt, aber trotzdem sind keine eindeutigen Erkenntnisse vorhanden.

Die zweite Generation ist meistens an die Entscheidung der Familie gebunden und arbeitet in dem vom Vater gegründeten Betrieb. Ein Teil der Rückkehrer der zweiten Generation eröffnet unabhängige Betriebe, indem sie die Familienmittel benutzen. Jedoch die eindeutig beobachtbare Haltung der zweiten Generation hat die Tendenz, sich auf neue Dienstleistungsbereiche der modernen Gesellschaft zu richten, wie z.B. Videogeschäfte, Kassetten-, Schallplatten-, Blumen-, Souvenir- und Sportartikelgeschäfte, Imbißbuden, Bierhäuser anstatt auf die traditionellen Handelsbereiche der ersten Generation, wie z.B. Warenhandel, Kaffeehausbetriebe, Taxiunternehmen usw. Da in der Türkei auch die Zahl der Betriebe der ersten Gruppe ziemlich schnell anwächst, gerät jedes neue Geschäft in eine marginale Lage und ist der Gefahr ausgesetzt, nicht dauerhaft existieren zu können.

Weiter möchte ich ganz kurz auf die soziale Reintegration eingehen, die ich in meinem Referat allerdings nicht ausführlich behandeln kann. Im Fall eines Mißerfolges wird die erste Generation bereit sein, ins Dorf zurückzukehren. Aber die zweite Generation weigert sich heftig dagegen und erlebt das Problem der sozialen Integration innerhalb der Gesellschaft mit mehr Schwierigkeiten.

Es ist zu beobachten, daß bei der ökonomischen Reintegration des Rückkehrers nicht von dem sozio-ökonomischen Inhalt abstrahiert werden und das Problem auf einen technischen Prozeß reduziert werden kann, etwa auf berufliche Anpassung oder besser gesagt auf einen beruflichen Informationstransfer.

Für eine wirksame Reintegration ist allein die Orientierung der Ersparnisse der Rückkehrer auf produktive Sektoren nicht genügend. Darüber hinaus ist es notwendig, eine Beziehung zwischen dem rückkehrenden Arbeitnehmer und einer Beschäftigung auf Lohnbasis im Rahmen der nationalen Industrie zu schaffen. Die Möglichkeiten dazu sind gegeben. Beispielsweise gibt es in der Türkei ein Arbeitsplatzangebot von 600.000 Personen, das wegen des Mangels an qualifizierten Arbeitskräften nicht gedeckt werden kann. (2. Wirtschaftskongreß, S. 101) Es gibt Bereiche, in denen ein Mangel im Arbeitskräfteangebot beobachtet wird. Dies betrifft Berufe wie Elektriker, Computertechniker, Gesundheitstechniker, Krankenschwestern, Hebammen usw. Dies sind Bereiche, die dem rückkehrenden Arbeitnehmer einerseits eine Beschäftigungschance im Rahmen eines abhängigen Arbeitsverhältnisses und andererseits die Chance für die Eröffnung unabhängiger Geschäfte bieten. Mit der technischen Hilfe der Bundesrepublik wurde in Istanbul eine Lehrlingsschule eröffnet, aber man konnte keine Lehrkräfte für diese Schule finden. Wiederum in Istanbul und in zwei weiteren Städten wurden deutschsprachige Gymnasien eröffnet, an denen aus der Bundesrepublik arbeitslose Physik- und Chemielehrer als Deutschlehrer angestellt sind. Diese Lehrer haben aber keine Vorbereitungskurse mitgemacht, die von Experten für notwendig gehalten werden und mindestens drei Monate dauern sollten.

III. Die Chance der Reintegration für die türkischen Rückkehrer in der Türkei

1. Rentenrecht aus der Sozialversicherung

Für Arbeitnehmer, die ohne ihr Rentenrecht erworben zu haben in die Türkei zurückkehren, gewährt die türkische Regierung die Chance einer Pension aus der Sozialversicherungsinstitution mit der Bedingung, diese Pension auf Dollarbasis zu berechnen. Sie ist auf einmal zu bezahlen. Die von den Rückkehrern zu beantragende Summe entspricht 1 $/Tag, 30 $ 5 Monate, 360 $/Jahr, wobei der Dollar anhand der täglichen Kursrate berechnet wird.

Nach den Aussagen der Sozialversicherungsinstitution müssen die auf diese Art und Weise verschuldeten Arbeitnehmer eine Summe von mindestens zwei bis drei Tausend Dollar zahlen.

Dadurch werden zwei bis drei Tausend Dollar von den Ersparnissen des Rückkehrers für diesen Zweck ausgegeben. Die Gesamtsumme der Ersparnisse, Rückkehrprämien und von der deutschen Sozialversicherungsinstitution bezahlten Arbeitnehmeranteile eines Rückkehrers beträgt rund 50-60.000.- DM. Im besten Fall besitzt also ein Arbeitnehmer bei seiner Rückkehr in die Türkei 60.000,- DM, wovon er 10.000,- DM an die türkische Sozialversicherungsinstitution bezahlen muß. Dazu verliert er auch seinen Rentenanspruch in der Bundesrepublik.

2. Übertragung der Bausparverträge in die Türkei

Gemäß dieser Regelung entsprechend den gemeinsamen Reintegrationsmaßnahmen der Türkei und der Bundesrepublik können die türkischen Arbeitnehmer unter der Voraussetzung, sich für die endgültige Rückkehr entschieden zu haben, ihre Bausparkonten und Bausparverträge in die Türkei übertragen. Dadurch können sie einen Betrag von ca. 60.000,- DM als Bauspardarlehen erhalten und diesen Gesamtbetrag in die Türkei transferieren. Mit diesen transferierten Beträgen können sie in der Türkei eine Wohnung bauen, kaufen oder sogar renovieren lassen. Nach den Einschätzungen wird der von den türkischen Arbeitnehmern transferierte Betrag insgesamt ca. 4 Milliarden DM betragen. Die Anzahl der Arbeitnehmer, die von dieser Maßnahme profitieren können, beträgt ca. 130.000.

Der Preis einer Wohnung in der Türkei liegt heute auf jeden Fall über 10 Millionen TL. Daher scheint es nicht möglich zu sein, daß ein Arbeitnehmer allein mit dieser Summe und ohne einen zusätzlichen Kredit zu bekommen eine Wohnung erwerben kann. Neben den 10.000 DM, die der rückkehrende Arbeitnehmer für den Erwerb des Rentenrechts an die türkische Sozialversicherungsinstitution bezahlen muß, muß er weitere 30.000 DM für den Wohnungserwerb ausgeben und noch dazu sich verschulden. Wenn man darüber hinaus die Umzugskosten aus der Bundesrepublik in Betracht zieht, kommt man zu der Feststellung, daß die Rückkehrförderungsmaßnahmen von jeglicher Attraktivität weit entfernt sind.

3. Die Rückkehrhilfe durch das Rückkehrförderungsgesetz

Die türkische Öffentlichkeit hat sich schon eine Meinung zu diesem Gesetz gebildet: »Die Rückkehrhilfe ist nicht angekommen«, lautet das Urteil.

Nach den Zahlenangaben des Generaldirektorats für Auslandsdienste des Arbeitsministeriums entsprach die Zahl der von dem Rückkehrförderungsgesetz profitierenden Arbeitnehmer bis Juni 1985 ca. 136.000. Im Zusammenhang mit dieser Angelegenheit haben wir während eines von unserem Forschungszentrum am 25.4.1983 an der Istanbuler Universität veranstalteten Rundtischgesprächs folgende Fragen angesprochen:

1. Inwieweit ist die freiwillige Rückkehr der türkischen Arbeitnehmer möglich?
2. Inwieweit ist die freiwillige Rückkehr der türkischen Arbeitnehmer wahrscheinlich auf Basis der von der Bundesregierung anberaumten Maßnahmen?
3. Wie wirken die einseitigen Maßnahmen, der psychologische Druck und sonstige beschränkende Maßnahmen der Bundesregierung für die Rückkehr auf die türkischen Arbeitnehmer?
4. Wie hoch wird die Zahl der Arbeitnehmer sein, die sich als ein Ergebnis der einseitigen Beschränkungspolitik und aller Maßnahmen für die Rückkehr entscheiden?

Als Antwort auf diese Fragen hatten wir damals die Zahl der rückkehrenden Arbeitnehmer und ihrer Familien auf rund 200.000 geschätzt.

Gemäß unseren damaligen Einschätzungen hatten wir auch zum Ausdruck gebracht, daß die Zahl der arbeitslosen Türken ca 120.000 betrüge, daß 60.000 von ihnen der ersten Generation, d.h. der Altersgruppe 40-45 Jahre angehörten, daß diese Gruppe keine Möglichkeit habe, wieder im deutschen Arbeitsmarkt integriert zu werden, daß sie gewisse Ersparnisse besäße und daher entweder in der Bundesrepublik bleiben und in das Wirtschaftsleben eintreten oder in die Türkei zurückkehren und sich dort niederlassen könne, daß kurz gefaßt diese Gruppe weder für die Budesrepublik, noch für die Türkei eine Problemgruppe darstellen würde.

Auch während eines von der Freien Universität Berlin veranstalteten Zusammentreffens hatten wir die Erwartung ausgedrückt, daß im Prinzip die Rückkehrer sich aus Angehörigen der ersten Generation der Türken zusammensetzen werden, daß sich diese Gruppe sowieso für die Rückkehr entschieden und die notwendigen Vorbereitungen getroffen hat, daß einige aus dieser Gruppe schon in die Türkei zurückgekehrt wären, aber mit der Zielsetzung, von den Rückkehrprämien zu profitieren, ihre Entscheidung entweder verzögern, oder den formellen Antrag noch nicht gestellt haben. Es ist heute eindeutig klar geworden, daß diese Einschätzungen keine leeren Prophezeiungen waren.

Schließlich und im Zusammenhang mit dem Titel dieses Referats kann gesagt werden, daß durch den Mißerfolg in der Durchführung bewiesen worden ist, daß die Rückkehrförderungsprämien für den rückkehrenden türkischen Arbeitnehmer keine Chance darstellen.

Rein quantativ dürfte die Rückkehr von ca. 120.000 Ausländern nicht ins Gewicht fallen. Die finanziellen Belastungen für die Rückkehrprämien werden dagegen ca. 280 Mio. DM ausmachen. Auf die Rentenversicherung dürfte eine Belastung von etwa 680 Mio. DM zukommen. Das Bundesministerium für Arbeit und Sozialordnung rechnet allerdings die Entlastungen beim Arbeitslosengeld und Kindergeld für die kommenden vier Jahre in Höhe von ca. 320 Mio DM und eine langfristige Entlastung der Rentenversicherung dagegen auf.

4. Die Chance zu Anreizen für Devisenanlagen der türkischen Rückkehrer von seiten türkischer Institutionen

Hier möchte ich über die Rückkehrförderungsmaßnahmen sprechen, die seitens der privaten und öffentlichen Institutionen in der Türkei und besonders seitens des Staates getroffen werden.

Einige von diesen Maßnahmen sind unten angegeben:

— Unter der scheinbaren Zielsetzung, sich dem Volk zu öffnen, wurde der Versuch eingeleitet, den Arbeitnehmern im Ausland Partnerschaftsanteile privater Firmen zu verkaufen. (M. Sami Güven, Tageszeitung Cumhuriet, 25.10.1978)

— Projekte sind vorbereitet worden für die Förderung des Grundstücks- und Immobilienverkaufs in der Türkei.

— Zollbefreiungen und sonstige Steuerbefreiungen sind eingeleitet worden.

— Projekte sind vorbereitet worden, die dem zurückgekehrten Arbeitnehmer die Chance geben, ohne jegliche Wartezeit und auf Ratenzahlungsbasis ein Auto zu kaufen, unter der Voraussetzung, daß die Zahlung mit Devisen getätigt wird. Später wurde dieses Projekt noch erweitert, um alle Produkte der Autobranche einzuschließen.
— Schließlich wurden die Partnerschaftsanteile am Einkommen der staatlichen Unternehmen in der Türkei bereitgestellt. Z.B. die Partnerschaftsanteile der Einkommen des Keban-Staudamms oder der Bosporus-Brücke.

Genau wie im Fall des Rückkehrförderungsgesetzes und der anderen Reintegrationsmaßnahmen konnten auch diese Lösungswege kein positives Ergebnis ergeben. Dies war auch nicht möglich. Denn alle diese Maßnahmen waren weit davon entfernt, das Kernproblem des Arbeitnehmers im Ausland bei seiner Rückkehr in die Heimat zu beseitigen.

Die türkischen Arbeitnehmer, die im Ausland im Rahmen einer diskriminierenden Sozialpolitik die schwerste, ermüdenste und am wenigsten angesehene Arbeit unter schlechter Behandlung leisten, haben gesehen, daß ihre mit Mühe und Not erworbenen Ersparnisse bei deren Übertrag in die Türkei nicht zur Lösung ihrer Probleme beitragen. In beiden Gesellschaften wird der zurückgekehrte türkische Arbeitnehmer mit einem Engpaß konfrontiert und in keiner dieser beiden Gesellschaften hat er einen zufriedenstellenden Platz für sich einnehmen können. Deswegen gerät er in eine ängstliche und unentschlosse Haltung und hält sich an seine Ersparnisse, seine Arbeit und seine Beschäftigungschancen, wo es auch immer sein mag, welche seine einzige Sicherheit darstellen.

IV. Die Situation der türkischen Wirtschaft als Bedingung für die Rückkehr in die Türkei

Die Ölkrise von 1974 hat die Türkei wie die anderen Entwicklungsländer nachteilig beeinflußt, und die Arbeitslosigkeitsrate, die Inflationsrate sowie die Defizite der Zahlungsbilanz haben sich in unvergleichbarem Maße erhöht.

Die Türkei versucht immer noch diese Wirtschaftskrise zu

bekämpfen, die alle Länder der Welt beeinflußt hat. Im Vergleich zu der Zeit vor 10 Jahren haben sich die sozio-ökonomischen Bedingungen, die den rückkehrenden migranten Arbeitnehmer in der Türkei erwarten, beträchtlich verschlechtert:

— Die Arbeitslosigkeitsrate stieg auf 25%
— Trotz der seit 5 Jahren durchgeführten wirtschaftlichen Stabilitätsmaßnahmen konnte die Inflationsrate immer noch nicht auf 50% reduziert werden.
— Die reellen Arbeitnehmerlöhne sind unter das Niveau von 1975 gefallen.
— Die Industrie funktioniert mit Kapazitätsmangel.
— Aufgrund der hohen Zinssätze haben neue Investitionen ihre Attraktivität verloren. Die Kreditzinssätze schwanken zwischen 60-70%.
— Die Partnerschaftsanteile in den Einkommen der staatlichen Unternehmen, die sich hauptsächlich auf den Rückkehrer beziehen, sichern ein Einkommen, welches die Inflationsrate kaum ausgleicht und sind daher weit davon entfernt, für Arbeitnehmer attraktiv zu sein.
— Die Beschäftigungschancen des Rückkehrers und seiner Kinder im Industriesektor sind ziemlich beschränkt.
— Die durch kollektive Unternehmen wie Arbeitnehmergesellschaften und Entwicklungskooperativen für Dörfer zu schaffenden Chancen sind heute fast nicht vorhanden.

Die Wirtschaftssysteme der Länder sind in unserer Zeit fest miteinander verbunden. Aus diesem Grunde sind in den Artikeln 54 und 55 der Verfassung der Vereinten Nationen Prinzipien vorgesehen, die als Zielsetzung haben, den Lebensstandard der Völker zu erhöhen, die Vollbeschäftigung sowie die Wirtschafts- und Sozialordnung zu sichern. Es ist in der Zwischenzeit eindeutig klar geworden, daß die Vollbeschäftigung nicht allein durch Maßnahmen auf nationaler Ebene gesichert werden kann. Auch äußere Ursachen und Entwicklungen tragen zur Arbeitslosigkeit bei.

Andererseits ist in jedem Land der normale Ablauf der Zahlungsbilanz eine Vorbedingung für die Sicherung der Vollbeschäftigung. Schwankungen in den verschiedenen Elementen der Zahlungsbilanz bilden eine Gefahr für die Vollbeschäftigung. Deswegen ist es notwendig, je nach ihrem Bedürfnis den

Ländern zu helfen, die Entwicklung und Stabilität des Handelssektors zu sichern, die internationalen Investitionstendenzen fortzusetzen, die technischen Hilfen in ihrem breitesten Sinn zu entwickeln, die internationalen Verschuldungen zu beseitigen, die Entwicklung der internationalen Finanzinstitutionen sowie die Vollbeschäftigung zu sichern.

Eine der Zielsetzungen der neuen Internationalen Wirtschaftsordnung, welche unter der Führung der Vereinten Nationen zu entwickeln ist, ist, durch die Schaffung von Stabilität in den ökonomischen Beziehungen zwischen den Industrie- und Entwicklungsländern die Wirksamkeit der Vollbeschäftigungsmaßnahmen zu ermöglichen.

In der Tat — weder die Neo Keynes'schen noch die Neo-Monetaristischen Modelle konnten Maßnahmen initiieren für die Beseitigung der neuen wirtschaftlichen Konflikte, die wirtschaftliche Stagnation und die Arbeitslosigkeit.

Als ein von den Vereinten Nationen in den letzten Jahren immer mehr empfohlenes Modell wird diese neue internationale Wirtschaftsordnung weitgehend angenommen und bei der Überwindung der Wirtschaftskrisen immer mehr in Betracht gezogen.

Es besteht kein Zweifel, daß, solange ein Teil der Welt reich und ein Teil arm bleibt, die legale und illegale Migration der Arbeitskräfte unumgänglich ist. Die Grenzen des nationalen Arbeitsmarktes werden über die nationalen Grenzen hinaus geöffnet.

Im Rahmen der in der Türkei angewandten wirtschaftlichen Stabilitätsmaßnahmen ist die Lösung des Arbeitslosigkeitsproblems an ein mittel- und langfristig zu verwirklichendes Wirtschaftswachstum gebunden. Der Versuch, dieses Problem kurzfristig zu lösen, würde bedeuten, das Wachstum zu opfern.

Aus diesen Gründen ist die türkische Wirtschaft zu jetzigen Zeitpunkt noch nicht stark genug, die Last der gesamten Massenrückkehr zu tragen. Wir sehen, daß auch die Zeitplanung der Rückkehrförderungspolitik nicht richtig gemacht worden ist. Die wirtschaftliche Bedeutung der massenhaften Rückkehr darf nicht nur für die Rückkehrenden, sondern auch für die Türkei nicht unterschätzt werden.

Im Rahmen der auf internationaler Ebene vertretenen Auffassung über die Überwindung der schweren Wirtschaftskrise, in der sich die Türkei befindet, nimmt die Zusammenarbeit zwischen der Türkei und der Bundesrepublik an Bedeutung zu.

Angesichts der oben geschilderten schwierigen ökonomischen Situation in der Türkei scheint es unrealistisch zu sein, durch »Reintegrations- oder Rückkehrhilfen« Existenzen in der Türkei aufzubauen oder zu sichern. Hier kann nur eine internationale Kraftanstrengung und eine strukturelle Reform in der Türkei Abhilfe und langfristige Chancen für Rückkehrer schaffen. (Argumente gegen Ausländerfeindlichkeit, Sammel/Mehrländer/Struck, S. 37).

Chancen der Türken zum Verbleib in der Bundesrepublik

Heute steht zu Recht das Problem der Massenarbeitslosigkeit an erster Stelle der aktuellen Diskussion in der Bundesrepublik Deutschland. Es muß damit gerechnet werden, daß die Arbeitslosenzahl auch in der Zukunft steigt. Bis etwa 1990 werden rund 800.000 mehr Deutsche ins Erwerbsleben eintreten als gleichzeitig ausscheiden. Langfristig dürfte sich jedoch ab 1990 ein Gegentrend bemerkbar machen. Der gegenwärtige Geburtenrückgang wird sich ab 1990 auf dem Arbeitsmarkt auswirken, und das deutsche Arbeitskräftepotential wird sich in den 90er Jahren um rund 1,7 Mio. Personen vermindern, d.h. das heutige Niveau wird unterschritten werden. Somit dürfte langfristig eine anhaltende Beschäftigung ausländischer Arbeitnehmer zu erwarten sein. (Vgl. H. Harbach. Brief an die Gruppe Ausländerforschung und Ausländerpolitik gegen Ausländerfeindlichkeit, Bammel/Mehrländer/Struck, Friedrich-Ebert-Stiftung, S. 13).

Andererseits lassen die Einschätzungen der zukünftigen Entwicklung in der Bundesrepublik erwarten, daß die Nachfrage an qualifizierten Arbeitskräften allmählich steigen und der Anteil der Nachfrage an Arbeitskräften innerhalb der gesamten Arbeitskräftenachfrage weiter sinken wird. Daraus folgt, daß qualifizierte Arbeitskräfte sowie diejenigen mit Berufsausbildung größere Erwerbschancen genießen werden.

Darüberhinaus läßt sich insgesamt festhalten, daß die türkischen Arbeitnehmer in der Bundesrepublik zu einem großen Teil im sekundären Sektor arbeiten. Innerhalb dieses Sektors konzentrieren sie sich auf einige Wirtschaftsgruppen, insbesondere im Stahlbereich, die von strukturellen und konjunkturellen Wirtschaftskrisen betroffen sind. Hinzu kommt, daß die ausländischen Erwerbstätigen in subsumptiven Tätigkeitsbereichen arbeiten, deren Zahl, bedingt durch den technischen Fortschritt, abnimmt. Aber ein zumindest vorläufig gesicherterer Rückzugsbereich liegt in gewissen arbeitsintensiven und kaum zu technisierenden Zweigen des tertiären Sektors. Hier ist vor allem das Gaststätten- und Beherbergungsgewerbe, das sich zu einer Domäne der ausländischen Erwerbstätigkeiten entwickelt hat, zu nennen. D.h., wenn Verbesserungen der Schul- und Berufsausbildung und des Qualifikationsniveaus verwirklicht sind, können die ausländischen Erwerbstätigen hier und in weiteren Wirtschaftszweigen ihre Arbeitschancen wahren und erhöhen. (Die Ausländerfrage, J. Chr. Papalekas, Maximilian-Verlag, Herford, S. 27ff).

Andererseits wird beobachtet, daß die türkischen Geschäftsleute in der Bundesrepublik eine wirtschaftliche Investition realisieren, die den Wert von 45 Mio. DM erreicht hat. Laut den vorliegenden Daten beträgt die Zahl der türkischen Unternehmer, die in der Bundesrepublik eine Existenz gegründet haben, mehr als 22.000.

Die türkischen Unternehmen konzentrieren sich hauptsächlich im Ruhrgebiet und Städten wie Berlin, Frankfurt, Mannheim, Köln. Die zuständigen Behörden geben die Zahl der Erwerbstätigen in diesen Gebieten mit 60.000 an. Die Mehrzahl der Arbeitnehmer sind türkische Jugendliche. An diesen Arbeitsplätzen arbeiten zusammen mit den Deutschen andere migrante Arbeitnehmer aus dem Balkan und den asiatischen Ländern.

Die Internationale Arbeitsorganisation hat eine Liste über die türkischen Arbeitsplätze in den Städten vorbereitet, wo die Türken sehr intensiv investieren und wo türkische Arbeitnehmer am meisten der Arbeitslosigkeit ausgesetzt sind. Das Ziel ist die Verabschiedung von Maßnahmen, die die berufliche Ausbildung der türkischen Jugendlichen ermöglichen sollen. Es ist bekannt, daß mit dieser Zielsetzung in den Städten Dortmund, Düsseldorf, Mannheim und Duisburg Untersuchungen im Gange sind. In diesen Städten, wo über 100.000 türkische Arbeitnehmer leben, investieren türkische Unternehmer nicht nur in die Konsumbereiche, in Supermärkte, Fremdenverkehrsbüros, Gaststätten und Großhandelsgeschäfte, sondern auch im Bereich der Herstellungsindustrie. Gemäß der allgemeinen Auffassung werden gerade diese türkischen Unternehmer für die Berufsausbildung und Beschäftigung der türkischen Jugendlichen einen beträchtlichen Beitrag leisten. (Tageszeitung Güneş; 5. November 1985).

Prof. Dr. Fatih Babalık

Schulische Probleme der Rückkehrerkinder — Bericht über ein Forschungsprojekt in Balikesir

In den vorangegangenen Vorträgen haben Sie heute Zahlen, Statistiken gehört, Sie werden in den folgenden Vorträgen ähnliches hören. Zwischen den vielen Zahlen gehen die Geschichten einzelner Personen öfter verloren. Ich möchte Ihnen über eine Gruppe Heimkehrer berichten.

Wir haben an der Universität Bursa unter der Leitung der Erziehungswissenschaftlichen Fakultät eine Untersuchung eingeleitet. Durch diese Forschungsarbeit, die von der Universität Bursa finanziell getragen wird, wollen wir die schulischen Schwierigkeiten der Kinder feststellen, die in Deutschland geboren und großgeworden sind bzw. längere Jahre in Deutschland gelebt haben. Bei diesen Arbeiten, die wir seit April dieses Jahres durchführen, sind wir nicht nur mit den Kindern zusammengekommen, wir haben auch die Eltern angehört. Direkt oder indirekt haben wir sehr viele Zahlen, Fakten, Informationen über die Eltern gesammelt. Nun möchte ich diese Informationen an Sie weitergeben.

Sie können sich dann am Beispiel diese Gruppe über die Chancen von Heimgekehrten Ihr eigenes Bild machen.

Die Notwendigkeit der Gastarbeit ist von keinem bestritten, aber es gibt Bemühungen auf der deutschen Seite, die Türken zurückzuschicken, während wir, die Türken, damit nicht einverstanden sind. Unabhängig von diesem Hin und Her gibt es Türken, die doch in die Heimat zurückkehren. Die Gründe, die sie zur Rückkehr veranlaßt haben, sind verschieden. Einige haben den von sich aus freiwillig festgesetzten Rückkehrtermin erreicht, einige fühlten sich durch die zunehmende Diskriminierung nicht mehr wohl.

Zur Zeit beschäftigen wir uns mit 80 Rückkehrerkindern in Balikesir. Balikesir liegt im Westen der Türkei, etwa 200 km nördlich von Izmir und 150 km süd-westlich von Bursa. Die

Stadt hat etwa 110.000 Einwohner. Einige mittelgroße Industriewerke bestimmen den Arbeitsmarkt. In der Stadt und Umgebung herrscht rege Bautätigkeit. Kohle, Borax und Marmor werden in der nahen Umgebung gefördert. Ayvalik, Edremit, Erdek gehören zum Kreis Balikesir. Diese Orte liegen an der Küste und ziehen im Sommer tausende von Urlaubern an. Die Hafenstadt Bandirma, die mehr und mehr als Industriehafen an Bedeutung gewinnt, liegt ebenfalls in den Kreisgrenzen von Balikesir. Ich zähle diese Fakten auf, um Ihnen zu zeigen, daß Balikesir für die türkischen Verhältnisse relativ gute Beschäftigungsmöglichkeiten bietet.

Die achtzig Kinder, deren schulische Leistungen und Probleme wir seit 8 Monaten verfolgen, verteilen sich auf zwei reguläre staatliche Schulen. Wir haben diese Schulen ausgewählt, weil sie die größten Mittelschulen der Stadt sind und eine davon einen Internatsteil hat, wo die Kinder, deren Eltern noch in Deutschland sind, Unterkunft finden.

Als wir die ersten Fragebögen auswerteten, glaubten wir den Kindern nicht. Über 70 Kinder gaben an, ihre Väter seien »Rentner«, dabei waren die Väter ausnahmslos nicht älter als 50. Daraufhin luden wir die Väter ein. Von 37 Vätern, die zur Besprechung kamen, hatten nur fünf eine geregelte Arbeit. Sie betonten, daß sie von ihnen selbst gegründete Geschäfte betrieben.

Die Väter, die alle in den achtziger Jahren heimgekehrt sind, beantworteten die von uns in verschiedenen Formen gestellte Frage: »Welche Arten von Arbeit würden Sie bevorzugen?« mit folgender Präferenz:

— unabhängige Arbeit
— Arbeit mit relativ hohem Ansehen
— leichte Arbeit
— Arbeit mit hohem Einkommen
— Arbeit möglichst in derselben Stadt (wenn Umzug notwendig, dann nicht sehr weit).

Dies sind alles Wünsche, die nicht leicht zu erfüllen sind. Die Angebote des türkischen Arbeitsmarktes können diese Leute nicht befriedigen.

Diejenigen, die längere Jahre in Deutschland arbeiteten, haben eine Eigentumswohnung oder ein Haus, in einigen Fällen eine zweite Wohnung oder einen Laden, den sie vermieten. Sie haben also ein eigenes Dach über dem Kopf, worauf wir, die Türken, großen Wert legen. Dazu kommt noch die Miete aus der zweiten Wohnung oder Zinsen aus dem gesparten Geld. Wenn sie außerdem die Mindestbeschäftigungszeit erreicht haben, können sie ihre Rente bekommen. Sie sind also nicht unbedingt auf eine Arbeit angewiesen. SIE MÖCHTEN ABER ARBEITEN. Sie sind jung und an Arbeit gewöhnt und können außerdem mit der vielen Freizeit nichts anfangen. Die Jahre, die sie in Deutschland verbracht haben, haben ihre Spuren hinterlassen. Wer vorher einen Beruf gelernt hatte oder eine Mittelschule absolviert hatte, hoffte, sich in Deutschland beruflich zu verbessern oder sich etwas Neues anzueignen. Die Rückkehrer fühlen sich aber gedemütigt, weil sie entgegen ihrer Erwartung in den niedrigsten Berufspositionen gearbeitet haben. Die rauhe Behandlung in der Bundesrepublik durch die Vorgesetzten, die Vorarbeiter und das Gefühl der Diskriminierung bringen die Leute dazu, daß sie wenigstens in ihrer eigenen Heimat ihr eigener Herr werden wollen oder eine Arbeitsstelle mit höherem Ansehen wünschen.

Um auf dem türkischen Arbeitsmarkt Chancen auf eine gut bezahlte Stelle zu haben, muß man in einem technischen Beruf sehr qualifiziert sein. Nach unseren Erfahrungen kann ich sagen, daß dies für diese Leute nicht der Fall ist. Durch die sehr stupiden Arbeiten am Fließband, bei der Straßenreinigung oder der Kohleförderung haben sie keine nutzbringenden Erfahrungen gesammelt. Nicht mal die Türken, die vorher in der Türkei eine Gesellenprüfung bestanden haben, hatten die Chance, in ihrem Beruf zu arbeiten, so daß sie an ihren beruflichen Fähigkeiten eingebüßt haben.

Ein anderer Faktor ist das Alter. Vor kurzem stand in der türkischen Zeitung Güneş »Wer über 35 ist, bleibt arbeitslos«. Dies kann ein wenig übertrieben sein, aber es ähnelt der Situation in Deutschland. Auch hier haben die älteren Arbeitslosen weniger Chancen, allerdings liegt die problematische Altersgrenze hier höher.

Diese kurz geschilderten Hauptfaktoren, der Widerspruch zwischen den eigenen Wünschen und Forderungen des Arbeitsmarktes, zwingen die Rückkehrer zu der Alternative, ein eigenes Geschäft aufzumachen. Ein kleines Lebensmittel-, Schuhwaren-, Textiliengeschäft, ein Papierwarenladen oder eine Bäkkerei... dies sind die meistgenannten, meistgewünschten Branchen. Es ist aber kein leichtes Unterfangen, ohne genaue Kenntnisse und Erfahrungen hier erfolgreich zu sein. Es ist häufig der Fall, daß dabei das ganze gesparte Geld verloren geht. Bei unserer Zielgruppe waren nur 5 Heimkehrer, die zur Zeit in ihren eigenen Läden arbeiten: 2 Lebensmittel-, 1 Papierwaren-, 1 Schuhwarengeschäft und 1 Glaswarengeschäft. Von den restlichen 32 haben einige ebenfalls solche Wünsche aber sie glauben nicht daran, daß sie damit genug Geld verdienen können. Alle geben an, daß ihre Tätigkeit nicht als Beschäftigung im eigentlichen Sinne, sondern als Kampf gegen Freizeitprobleme Bedeutung hat. Sie produzieren nichts, sie verdienen nichts. Ihre Beschäftigung ist weder für sie selbst, noch für die türkische Wirtschaft von Bedeutung.

Es ist sicherlich ein Problem, daß die Heimkehrer ohne Arbeit sind und in der Zukunft keine echte Chance auf Arbeit haben. Sie sind aber durch die Ersparnisse der früheren Jahre mehr oder weniger finanziell gesichert.

Die Heimkehrer machen sich Sorgen, weniger über ihre eigene Zukunft, vielmehr über die Zukunft ihrer Kinder. Das ist unserer Meinung nach ein viel größeres Problem als das der Elterngeneration der Heimkehrer und dies dürfen wir nicht übersehen. Die Jugendlichen, die ihre Schulzeit ohne Erfolg in Deutschland absolviert haben, bereiten ihren Eltern die größten Sorgen. Es ist uns bekannt, daß

— ein beträchtlicher Teil ausländischer Jugendlicher in Deutschland den Schulabschluß nicht erreicht,
— Sprachschwierigkeiten immer noch nicht ganz beseitigt sind,
— das allgemeine Niveau der von ausländischen Jugendlichen besuchten Schulen nicht befriedigend ist,
— die ausländischen Jugendlichen (wenn sie den Schulabschluß erreichen) viel schwieriger als die deutschen Schulabsolventen eine Lehrstelle finden...

Die Liste kann man noch weiterführen. Es sind dies alles Fakten, die für die türkischen Jugendlichen und ihre Eltern ein Alptraum sind. Sie kommen mit einem 15-16jährigen Sohn oder

Tochter in die Heimat zurück und die Kinder haben die schlechtesten Voraussetzungen für ein Berufsleben. Sie stehen vor einer ungewissen Zukunft. Die deutschen und türkischen Verantwortlichen müssen hier alles tun, um diesen jungen Leuten die Zukunft zu erleichtern. Sie haben einen Teil der deutschen sozialen und kulturellen Wertvorstellungen angenommen, ohne die heimatlichen, türkischen Wertvorstellungen aufgegeben zu haben. Sie machen die kulturelle Integration »am eigenen Leib« durch. Wir alle haben ihnen zu helfen und die schwere Last von ihren jungen Schultern zu nehmen.

Die erwähnten Forschungsarbeiten laufen unter dem Titel »Die schulischen Probleme der aus Westeuropa in die Türkei zurückkehrenden Gastarbeiter-Kinder«.

Die beteiligten Schulen sind:
Cumhurieyet Lisesi, Balıkesir
Koray Lisesi, Balıkesir

Das Arbeitsteam besteht aus:
Prof. Dr. Fatih C. Babalık
Dr. phil. Nevin Saylan
Lb. Abdullah Dikici

Dr. Ursula Mehrländer

Rückkehrabsichten der Türken im Verlauf des Migrationaprozesses 1961 — 1985

1. Beginn des Wanderungsprozesses der Türken

Bei der Frage, wie sich die Rückkehrabsichten der Türken im Verlauf der letzten 25 Jahre verändert haben, erscheint es angebracht, vom Beginn ihres Migrationsprozesses auszugehen. Ende Juli 1960 befanden sich insgesamt rd. 280 000 ausländische Arbeitnehmer in der Bundesrepublik Deutschland, davon waren 2.500 Türken. Am 30. Oktober 1961 wurde zwischen der Bundesrepublik Deutschland und der Republik Türkei der Vertrag zur Regelung der Vermittlung türkischer Arbeitnehmer nach Deutschland geschlossen. Diese Anwerbevereinbarung wurde 1964 neu gefaßt. Erst nach diesem Zeitpunkt setzte die Zuwanderung türkischer Arbeitnehmer im größeren Umfang ein (vgl. Tabelle 1). Die Zahl der türkischen Arbeitnehmer betrug 1965 rd. 120.000. Im Jahre 1971 lag dagegen die Zahl der türkischen Arbeitnehmer bereits bei rd. 420.000, ihr Anteil an der Zahl aller ausländischen Arbeitnehmer betrug 19%. Darüber hinaus befanden sich rd. 230.000 türkische Familienangehörige, die nicht erwerbstätig waren, im Bundesgebiet. Der Prozentsatz der türkischen Wohnbevölkerung an der gesamten ausländischen Wohnbevölkerung lag ebenfalls bei 19% (vgl. Tabelle 1).

Diese Anwerbevereinbarung mit der Türkei muß vor dem Hintergrund der allgemeinen Ausländerpolitik der Bundesregierungen gesehen werden. Bis in die 60er Jahre haben es die Bundesregierungen als ihre Aufgabe angesehen, die Wirtschaft mit Arbeitskräften zu versorgen. Die Anwerbung ausländischer Arbeitnehmer war eine Konsequenz dieser Politik. Der Umfang der Ausländerbeschäftigung ergab sich gemäß der Entwicklung des Arbeitsmarktes, die sehr stark von der konjunkturellen Entwicklung abhängig ist. Hinsichtlich der Einschätzung der Dauer der Ausländerbeschäftigung in der Bundesrepublik Deutschland bestand zwischen Bundesregierung und gesellschaftspolitischen Gruppen Einigkeit: Die Beschäftigung ausländischer Arbeitnehmer wurde nur als vorübergehende Erscheinung gewertet. Folgerichtig wurde unterstellt, daß auch die ausländischen Arbeitnehmer Rückkehrabsichten haben.

2. Rückkehrabsichten der Türken im Jahre 1971

An dieser Stelle erscheint es interessant, die Ergebnisse meiner Studie »Soziale Aspekte der Ausländerbeschäftigung« heranzuziehen. An dieser Studie habe ich in den Jahren 1970 bis 1973 gearbeitet. Ziel dieser Untersuchung war es, wichtige soziale Probleme der ausländischen Arbeitnehmer bei ihrem Aufenthalt in der Bundesrepublik Deutschland aufzuzeigen. Mit Hilfe einer repräsentativen Befragung von Arbeitnehmern aus den fünf Hauptanwerbeländern (N = 1.700), sind genauere Informationen über Ursache und Art der sozialen Probleme gewonnen worden. Besondere Beachtung wurde dabei der Reaktion der ausländischen Arbeitnehmer auf die in der Bundesrepublik Deutschland vorgefundenen Arbeits- und Lebensbedingungen geschenkt. Es wurde ebenfalls geprüft, welche neuen Erwartungen die ausländischen Arbeitnehmer hier entwickelten. In diesem Zusammenhang sind auch Fragen an die türkischen Arbeitnehmer gestellt worden, die ihre Vorstellungen über die Rückkehr bzw. die Dauer ihres weiteren Aufenthaltes in der Bundesrepublik Deutschland betrafen.

Gleich zu Beginn meiner weitern Ausführungen möchte ich betonen, daß die Rückkehrabsichten der türkischen Arbeitnehmer und ihrer Familienangehörigen nicht als Konstante anzusehen sind. Die Zukunftspläne der Türken — Rückkehr oder Verbleib — werden von verschiedenen Faktoren beeinflußt. Darüber hinaus stehen sie in engem Zusammenhang mit den ausländerpolitischen Entscheidungen der Bundesrepublik Deutschland. Ich möchte jetzt auf die Aussagen der türkischen Arbeitnehmer 1971 zurückkommen: Es zeigte sich, daß nur 26% der türkischen Arbeitnehmer angaben, genausolange in Deutschland bleiben zu wollen, wie im Zeitpunkt ihrer Einreise geplant. Das bedeutet, daß 74% der türkischen Arbeitnehmer ihre ursprünglichen Zeitvorstellungen revidiert haben. Dabei wollten lediglich 6% der Befragten kürzer als ursprünglich beabsichtigt in der Bundesrepublik Deutschland bleiben. Rund ein Drittel der türkischen Arbeitnehmer berichtete bereits 1971, daß sie länger als ursprünglich beabsichtigt bleiben wollen. Mit 36% der Türken ist auch der Anteil derjenigen sehr hoch, die keine Vorstellung über den Rückkehrzeitpunkt hatten. Bei diesen Antworten dürften sich finanzielle Motive ebenso ausgewirkt haben wie negative bzw. positive Erfahrungen in der Arbeitswelt, so daß diese türkischen Arbeitnehmer zu keiner eindeutigen Stellungnahme hinsichtlich ihrer Rückkehrabsichten gekommen sind. In die mündliche Befragung sind 1971 auch türkische Arbeitnehmerinnen miteinbezogen worden. In bezug auf die zukünftige Aufenthaltsdauer gab es nach Geschlecht jedoch kaum Unterschiede.

Als Motiv für die Verlängerung ihres Aufenthaltes in der Bundesrepublik Deutschland gab ein großer Teil der ausländischen Arbeitnehmer an, daß sie ihr finanzielles Ziel nicht in dem vorher veranschlagten Zeitraum verwirklichen konnten. Mehr als ein Drittel der Befragten beurteilte die Lebensbedingungen in der Bundesrepublik Deutschland besser als im Heimatland und hatte sich bereits an das Leben in Deutschland gewöhnt. Sie wollten daher ihren Aufenthalt in der Bundesrepublik verlängern. Weiterhin wurden als Gründe für die Verlängerung des Aufenthaltes in der Bundesrepublik Deutschland angegeben: Ausbildung der Kinder in der Bundesrepublik Deutschland und/oder fehlende Arbeitsmöglichkeiten im Entsendeland.

Wenn die Rückkehrabsichten der ausländischen Arbeitnehmer 1971 nach Alter aufgegliedert werden, ergibt sich folgendes: In allen Altersgruppen war der Anteil derjenigen, die über die weitere Planung hinsichtlich der Aufenthaltsdauer in der Bundesrepublik Deutschland bzw. der Rückkehr keine Vorstellung hatten, sehr hoch (U. Mehrländer, Soziale Aspekte der Ausländerbeschäftigung, Bonn 1974, S. 122 ff.).

Ein Faktor, der die Rückkehrabsichten sehr stark beeinflußt, ist in der bisherigen Aufenthaltsdauer der ausländischen Arbeitnehmer zu sehen. Dabei ist die Variable »Aufenthaltsdauer« wiederum als Reaktion der Befragten auf die Lebens- und Arbeitsbedingungen in der Bundesrepublik Deutschland zu interpretieren. Im Jahre 1971 wollten von den Ausländern, die weniger als zwei Jahre in der Bundesrepublik Deutschland beschäftigt waren, die meisten länger als ursprünglich beabsichtigt bleiben. Bei den Ausländern, die zwei bis unter fünf Jahre in Deutschland gewesen sind, ließ sich eine große Unsicherheit über ihre künftige Aufenthaltsdauer feststellen. Fast die Häfte von ihnen hatte keine Vorstellung darüber, wie lange sie noch bleiben wollten bzw. ob und wann sie in die Türkei zurückkehren wollten. Weitere 28% dieser Gruppe wollten länger als geplant in der Bundesrepublik Deutschland arbeiten. Bei den ausländischen Arbeitnehmern, die fünf Jahre und länger in der Bundesrepublik Deutschland tätig gewesen sind, ist dagegen der Anteil derjenigen gestiegen, die länger bleiben wollen. Er liegt bei rd. 50%. Von den Befragten mit dieser längeren Aufenthaltsdauer waren 1971 etwa ein Drittel über ihre Rückkehrabsichten bzw. die Dauer des weiteren Aufenthaltes in der Bundesrepublik Deutschland unschlüssig.

Im Hinblick auf die Rückkehrabsichten bzw. die weitere geplante Aufenthaltsdauer in Deutschland ergaben sich bei den Befragungsergebnissen 1971 interessante Unterschiede nach Familienstand, Aufenthaltsort von Ehepartnern und Kindern der Befragten. Es ließ sich zeigen, daß von den Verheirateten, die ihren Ehepartner und die Kinder in die Bundesrepublik Deutschland nachgeholt hatten, eine längere Aufenthaltsdauer in der Bundesrepublik Deutschland geplant worden ist. Insofern kann die Nachholung der Familie als Ausdruck der Abkehr von kurzfristigen Rückkehrabsichten gewertet werden.

Anhand der Befragungsergebnisse von 1971 konnte auch der Einfluß der beruflichen Situation auf die Rückkehrabsichten der ausländischen Arbeitnehmer nachgewiesen werden. Als Einflußfaktoren auf die Rückkehrpläne haben sich gezeigt: Überwindung der Anpassungsschwierigkeiten in der ersten Zeit des Lebens und Arbeitens in der Bundesrepublik Deutschland, Arbeitszufriedenheit, Wunsch nach weiterem Sparen, Einstufung als angelernter Arbeiter bzw. als betriebsbezogen qualifizierter Arbeiter in der Bundesrepublik Deutschland. Alle diese Einflußfaktoren führten dazu, daß die Rückkehrabsichten der ausländischen Arbeitnehmer aufgeschoben worden sind bzw. nicht konkretisiert worden sind. Umgekehrt wirkten sich negative Erfahrungen am Arbeitsplatz dahingehend aus, daß Rückkehrabsichten aufrecht erhalten worden sind. Für alle ausländischen Arbeitnehmer 1971 galt jedoch, daß ein großer Prozentsatz Unentschlossener hinsichtlich der Rückkehr ins Entsendeland festzustellen war. Der Zusammenhang zwischen Verdienst und zeitlichen Plänen für die Rückkehr bzw. Verbleib in der Bundesrepublik Deutschland wurde ebenfalls deutlich. Der Anteil derjenigen, der länger als ursprünglich beabsichtigt in der Bundesrepublik Deutschland bleiben wollte, nahm mit steigendem Nettoeinkommen zu.

Andererseits hätte vermutet werden können, daß diese ausländischen Arbeitnehmer ihre finanziellen Ziele eher erreicht hätten und sie daher ihre Aufenthaltsdauer eher verkürzen würden. Das vorliegende Ergebnis wurde von mir dahingehend interpretiert, daß sich hier zwei Tendenzen überlappen werden: Einmal dürften die Ausländer mit höherem Einkommen ihre Sparziele verändert haben und wahrscheinlich höher gesteckt haben, andererseits werden diese ausländischen Arbeitnehmer die Anpassungsschwierigkeiten überwunden und sich an das Leben in der Bundesrepublik Deutschland gewöhnt haben.

Hinzu kam, daß sich die wirtschaftliche Lage in den Entsendeländern nicht entscheidend gebessert hat, so daß die ausländischen Arbeitnehmer nicht voraussetzen konnten, im Heimatland einen Arbeitsplatz zu finden bzw. eine selbständige Existenz aufbauen zu können. Diese Faktoren führten dann zu einer Verlängerung des Aufenthaltes in der Bundesrepublik Deutschland und zu einem Aufgeben der Rückkehrabsichten in das Entsendeland. Zu diesen Faktoren hinsichtlich der Rückkehrabsichten lag für die 1971er-Daten keine Aufspaltung nach Nationalität vor.

3. Wanderungsbewegungen der Türken in und aus dem Bundesgebiet seit 1962 und Zusammenhang mit der Ausländerpolitik

Die kontinuierliche Zunahme der Zahl der türkischen Arbeitnehmer von 1962 bis 1973 auf rd. 500.000 und damit verbunden ebenfalls der Anstieg der türkischen Wohnbevölkerung auf rd. 900.000 im Jahre 1973 (vgl. Tabelle 1) sollte jedoch nicht darüber hinwegtäuschen, daß während dieses Zeitraumes Zu- und Fortzüge der Türken stattgefunden haben. Infolge des Konjunkturaufschwungs von 1968 nahmen die Zuzüge von Türken in die Bundesrepublik Deutschland in den Folgejahren in starkem Maße zu. Die Zuzüge der Türken überstiegen z.B. im Jahre 1971 mit rd. 190.000 Personen die Fortzüge von rd. 60.000 Personen, der positive Wanderungssaldo der Türken lag bei rd. 130.000 Personen (vgl. Statistisches Jahrbuch, 1973, S. 54).

Diese Wanderungsbewegungen der Türken in die Bundesrepublik Deutschland und aus der Bundesrepublik Deutschland sind von zwei Komponenten getragen gewesen: Anwerbung von ausländischen Arbeitnehmern und Nachholung von Familienangehörigen. Durch die ausländerpolitischen Beschlüsse der Bundesregierungen wurden jedoch in der Folgezeit diese Wanderungsprozesse der Türken sehr stark beeinflußt. Am entscheidensten war hier der Anwerbestop für ausländische Arbeitnehmer aus Nicht-EG-Ländern, der im November 1973 erlassen worden ist und bis heute fortbesteht.

Im Jahre 1973 kamen noch mehr Türken in die Bundesrepublik Deutschland als fortzogen. Somit lag ein positiver Wanderungssaldo von 153.000 Personen vor. Auch im Jahre 1974 überwogen die Zuzüge der Türken in die Bundesrepublik Deutschland noch deren Fortzüge, wenn sich auch der positive Wanderungssaldo auf rd. 50.000 Personen vermindert hat. Allerdings soll angemerkt werden, daß die Fortzüge angestiegen sind. 1975 kann als Wende in den Wanderungsbewegungen angesehen werden, denn es ergab sich erstmals wieder ein negativer Wanderungssaldo: Die Zuzüge nahmen stark ab, während sich gleichzeitig die Fortzüge der Türken erhöhten (-43.900

Personen). Auch 1976 hielt diese Entwicklung an, und es ergab sich ein — allerdings geringerer — Überhang der Fortzüge über die Zuzüge (-24.600 Türken). Im Jahre 1977 war eine ausgeglichene Wanderungsbilanz festzustellen. Die Wanderungsrichtung der Türken kehrte sich jedoch in den Jahren 1978 bis 1981 wiederum um. In diesen Jahren lagen wieder sehr hohe Zuzüge von Türken in die Bundesrepublik Deutschland vor. Sie überstiegen jedesmal die Fortzüge der Türken. Es soll jedoch darauf hingewiesen werden, daß auch in diesen Jahren Fortzüge der Türken in einer Größenordnung zwischen 90.000 und 66.000 vorgelegen haben (vgl. Tabelle 2).

Die Zuzüge der Türken dürften jedoch wiederum mit dem Zyklus des Wanderungsprozesses sowie mit den Auswirkungen der Ausländerpolitik auf diesen Wanderungsprozeß zusammenhängen: Wie ich anhand meiner repräsentativen Daten in dem oben zitierten Buch »Soziale Aspekte der Ausländerbeschäftigung« nachweisen kann, haben die Türken im Jahre 1971 im Gegensatz zu den anderen Ausländern aus den Anwerbestaaten erst in geringerem Maße ihre Familienangehörigen nachkommen lassen. Auch der einzelne türkische Arbeitnehmer hat zu Beginn seines Aufenthaltes in der Bundesrepublik Deutschland seinen Aufenthalt hier lediglich als vorübergehend betrachtet. Ausdruck dieser Haltung war, die Familie lange Zeit im Herkuftsland zu lassen. Mit steigender Aufenthaltsdauer im Bundesgebiet nahm dann der Familiennachzug zu. Es ist jedoch bezeichnend, daß von den Italienern, Spaniern und Griechen bereits die meisten bis 1971 den Nachzug der Familien vorgenommen hatten, während von den türkischen Vätern erst 38% ihre Familie in Bundesrepublik Deutschland nachkommen ließen (vgl. Mehrländer 1974, S. 27). Daher erstaunt es nicht, daß eine starke Zuwanderung von türkischen Familienangehörigen nach dem Anwerbestop von 1973 einsetzte. Dafür ausschlaggebend war, daß in Zukunft die Familienangehörigen nicht mehr in die Bundesrepublik Deutschland nachgeholt werden durften. Daß diese Befürchtungen nicht unbegründet waren, zeigten Diskussionen im Jahre 1975 in einem interministeriellen Ausschuß, in dem die Begrenzung des Familiennachzuges Befürworter fand (vgl. Entwurf von Thesen zur Ausländerpolitik eines Ausschusses der Bundesregierung von 23.10.1975, in: epd-Dokumentation, Nr.5 vom 26.1.1976). Der Nachzug der Familienangehörigen von bereits in der Bundesrepublik Deutschland lebenden ausländischen Arbeitnehmern wurde jedoch von den Bundesregierungen aus humanitären Gründen zugelassen. Allerdings ist 1981 die Altersgrenze für nachzuholende Kinder von 18 auf 16 Jahre gesenkt worden (vgl. betr.: Ausländerpolitik 1982, S.18). In der Folgezeit wurde sogar die Herabsenkung der Altersgrenze für nachzuholende Kinder auf 6 Jahre diskutiert. Im Dezember 1981 wurde außerdem die Beschränkung der Arbeitsmöglichkeiten für Familienangehörige der ausländischen Arbeitnehmer beschlossen (Wartezeitregelung). (Vgl. Informationsdienst des Instituts der deutschen Wirtschaft, Nr. 29, 18.7.1985)

4. Rückkehrabsichten der Türken 1980 und 1983

4.1 Gründe für die Verlängerung der ursprünglich geplanten Aufenthaltsdauer — Ergebnisse unserer Repräsentativuntersuchung '80

Aus unserer Repräsentativuntersuchung '80 geht hervor, daß zwei Drittel der Türken zu diesem Zeitpunkt bereits länger als ursprünglich beabsichtigt in der Bundesrepublik Deutschland lebten (vgl. U. Mehrländer u.a., Situation ausländischer Arbeitnehmer und ihrer Familienangehörigen in der Bundesrepublik Deutschland, Repräsentativuntersuchung '80, Bonn 1981, S. 542 ff.). Geht man davon aus, daß ca. zwei Drittel aller Ausländer bei ihrer Einreise in die Bundesrepublik Deutschland eine Aufenthaltsdauer von fünf Jahren geplant hatten, zeigt sich deutlich eine Diskrepanz zwischen Planvorstellung und Realität (vgl. M. Krämer, H. Spangenberg, Assimilation ausländischer Arbeitnehmer in der Bundesrepublik Deutschland, Königstein 1980, S. 179). Anhand unserer Befragungsergebnisse können die Gründe dafür analysiert werden. Der Eindruck, daß sowohl subjektive als auch objektive Faktoren eine längere Aufenthaltsdauer verursachen, ist auch anhand unserer Befragungsdaten 1980 bestätigt worden. Dabei sind diese Gründe sehr vielschichtig und werden sich gegenseitig überlappen.

Das mangelnde Angebot an Arbeitsplätzen in den Herkunftsländern veranlaßt die Ausländer nicht nur zur Emigration, die anhaltend schwierige wirtschaftliche Lage in ihren Ländern erschwert auch ihre Rückkehrmöglichkeit. Bei den Türken entfallen 17% der Nennungen auf diesen Grund.

Die Ausländer haben oft während ihres Aufenthaltes in der Bundesrepublik Deutschland die Absicht verfolgt, hier möglichst viel Geld zu sparen, um damit im Herkunftsland eine Existenz aufzubauen oder andere Ziele zu verwirklichen. Diese Vorstellungen mußten sie mit zunehmender Aufenthaltsdauer revidieren. 19% der Nennungen der Türken enthalten die Begründung, daß sie weniger gespart haben als ursprünglich beabsichtigt.

Die Erkenntnis, die zeitliche Perspektive falsch eingeschätzt zu haben, veranlaßte sicher viele Ausländer, ihre Familienangehörigen in die Bundesrepublik Deutschland nachzuholen. Besuchen die Kinder hier eine Schule und lebt auch der Ehepartner hier, so ist dies ein Grund dafür, länger als beabsichtigt in der Bundesrepublik Deutschland zu bleiben. 25% der Nennungen der Türken liegen in dieser Kategorie.

Es soll hervorgehoben werden, daß insgesamt 12% der Nennungen der Türken auf die Antwort entfallen, daß sie ihren Aufenthalt verlängert haben, weil sie sich in der Bundesrepublik Deutschland wohlfühlen. Weitere 7% der Nennungen enthalten die Begründung, daß ihnen die Arbeit gefällt (vgl. U. Mehrländer, Repräsentativuntersuchung '80).

4.2 Geplante Rückkehr der Türken — Aussagen anhand unserer repräsentativen Untersuchungen 1980

Angesichts der langen Aufenthaltsdauer der Ausländer, der veränderten Familienstruktur sowie der Tatsache, daß die Kinder der Betroffenen die Bundesrepublik Deutschland oftmals besser kennen als ihr Herkunftsland, gewinnt die Frage der Rückkehrabsicht zunehmend an Bedeutung. Mit zunehmender Aufenthaltsdauer und Übernahme der deutschen Lebensgewohnheiten dürften die Schwierigkeiten für die Reintegration in die Herkunftsgesellschaft steigen. Dies trifft im besonderen Maße auf ausländische Jugendliche zu. Die Rückkehrabsichten der Türken werden im folgenden dargestellt und interpretiert. Anhand der Befragungsergebnisse 1980 zeigt sich, daß rund 60% der Türken eine Rückkehr in ihr Herkunftsland beabsichtigen. Im Vergleich zu den anderen Nationalitäten liegt dieser Anteil sehr viel niedriger. Diese Aussage muß aber als Heimkehrillusion interpretiert werden. Denn nur 21% der Ausländer, die nach ihren Angaben generell eine Rückkehr beabsichtigen, können den Zeitpunkt ihrer geplanten Rückkehr angeben. Damit ist belegt, daß zwar die meisten Ausländer deklarieren, in ihr Herkunftsland zurückkehren zu wollen, daß sie aber eine endgültige Entscheidung darüber nicht treffen wollen (vgl. U. Mehrländer u.a., a.a.O., S. 542 ff).

Die Rückkehrbereitschaft der Befragten 1980 sank erheblich, wenn Familienangehörige in der Bundesrepublik Deutschland verbleiben wollen. Nur noch 34% der Ausländer wollten unter diesen Bedingungen in ihr Herkunftsland ausreisen. Interessante Ergebnisse haben sich bei der Aufgliederung nach Alter ergeben: Nur 40% der türkischen Jugendlichen im Alter von 15 bis 25 Jahren planen die Rückkehr in ihr Herkunftsland (vgl. U. Mehrländer, Türkische Jugendliche — keine beruflichen Chancen in Deutschland?, Bonn 1983, S. 158).

Auf die Frage nach den Rückkehrbedingungen haben die Türken 1980 folgende Aussagen gemacht (Mehrfachnennungen in %): Erreichen der Sparziele (27%), Aufbau einer selbständigen Existenz (18%), Arbeitsplatz in der Türkei (8%), gleicher Lohn wie in Deutschland (8%), Rückkehr der Familie, Beendigung der Ausbildung der Kinder (30%), als Rentner (10%). Aufgrund dieser Angaben dürfte ersichtlich sein, daß diese Bedingungen hinsichtlich des Arbeitsmarktes der Türkei, die die Türken als Bedingungen für ihre Rückkehr nennen, in absehbarer Zeit nicht realisiert sein dürften. Daher ist m.E. nicht damit zu rechnen, daß diese Rückkehrabsichten in großem Umfang realisiert werden (vgl. U. Mehrländer u.a., a.a.O., S.54ff).

4.3 Rückkehr oder Verbleib — Ergebnisse der Isoplan-Untersuchung 1983

Das Isoplan-Institut untersuchte im Jahre 1983 im Rahmen einer Repräsentativbefragung türkischer Haushaltsvorstände sowie ergänzender Tiefeninterviews im Raum Rheinland-Pfalz und Saarland die Rückkehr- und Verbleibeabsichten türkischer Arbeitnehmer in der Bundesrepublik Deutschland. Hervorzuheben ist, daß sich auch aus dieser repräsentativen Befragung keine einheitliche Zukunftsvorstellung der Türken ableiten läßt. Auf die Frage, ob und wann eine Rückkehr in die Heimat geplant sei, äußerten 48 % der Befragten, daß sie generell eine Rückkehr beabsichtigen. Innerhalb dieser Gruppe gab es im Hinblick auf den Zeitpunkt der Rückkehr jedoch verschiedenen Meinungen: 10,5 % der türkischen Haushalte planten die Rückkehr in die Türkei innerhalb der nächsten drei Jahre, weitere 37,5 % äußerten eine Rückkehrabsicht, hatten jedoch keine Vorstellung über den Zeitpunkt. Das bedeutet umgekehrt, daß mehr als die Hälfte der Befragten (52 %) zu einem längeren oder endgültigen Aufenthalt in der Bundesrepublik Deutschland neigen. 44,7 % der Befragten hatten noch keine Entscheidung darüber getroffen, ob sie in die Türkei zurückkehren wollten oder in der Bundesrepublik Deutschland verbleiben möchten. Der Anteil derjenigen, die sich für einen endgültigen Aufenthalt in der Bundesrepublik Deutschland geäußert haben, liegt lediglich bei 7,3 %. Der wichtigste Hinderungsgrund, der für eine Rückkehr genannt worden ist, besteht in den schlechten beruflichen Chancen in der Türkei. Ein Drittel dieser Befragten habe zwar die Befürchtung, im Falle der Rückkehr eine ungesicherte berufliche Existenz zu haben. Andererseits haben sie jedoch auch bestimmte Ziele, die für einen vorläufigen weiteren Verbleib in der Bundesrepublik Deutschland sprechen. Dazu gehören die Erreichung der Rentenanwartschaft, Abschluß der Ausbildung der Kinder, Erreichung von Sparzielen. Als wichtigste Rückkehrmotive für diejenigen Türken, die innerhalb der nächsten drei Jahre die Rückkehr geplant haben bzw. eine Rückkehrabsicht ohne konkrete Zeitplanung geäußert hatten, sind familiäre Gründe und das sich verschlechternde soziale Klima in der Bundesrepublik Deutschland (Ausländerfeindlichkeit, schlechte Behandlung, Kindererziehung ist gefährdet) anzusehen (Vgl. Empirische Analyse: Rückkehr oder Verbleib?, in: Arbeiten + Lernen, Heft 2, 1985, S.7).

5. Ausländerpolitik bis 1980, Gesetz zur Förderung der Rückkehrbereitschaft von 1983

Im März 1980 wurden von der damaligen SPD/FDP-Bundesregierung Leitlinien zur Weiterentwicklung der Ausländerpolitik veröffentlicht. Sie konnten als Hinwendung zur Integration der Ausländer in die deutsche Gesellschaft gewertet werden. Sie nahmen wesentliche Vorschläge des Kühn-Memorandums auf und sahen die Integration der zweiten und dritten Ausländergeneration als zukünftige Schwerpunktaufgabe der Ausländerpolitik an. Diese Leitlinien waren jedoch nicht von einer umfassenden, um Mitarbeit werbenden Aufklärung und Information der deutschen Bevölkerung in bezug auf diese angestrebte Integration der Ausländer getragen.

Durch die Wirtschaftskrise und die zunehmende Arbeitslosigkeit in der Bundesrepublik Deutschland wurde im Gegenteil in der Öffentlichkeit der Ruf nach den »Sündenböcken« laut. In den Jahren 1980 bis 1982 wurde der Druck der öffentlichen Meinung zur Begrenzung der Ausländerzahlen sowie die latente und sich verstärkende Ausländerfeindlichkeit immer größer. Seit der Regierungserklärung der CDU/CSU-FDP-Regierung von 1982 wurde die Stärkung der »Rückkehrbereitschaft« der Ausländer betont. Der erste ausländerpolitische Beschluß der neuen Bundesregierung bestand darin, finanzielle Rückkehrhilfen für Ausländer anzubieten. Nachdem der Gesetzentwurf gebilligt worden ist, trat das entsprechende Programm am 28.11.1983 in Kraft. Die Antragstellung hatte bis zum 30.9.1984 zu erfolgen. Der Inhalt diese Gesetzes bestand darin, daß Arbeitnehmer aus Staaten, die nicht der europäischen Gemeinschaft angehörten, wie z.B. Jugoslawien, Türkei, Tunesien, Marokko, Korea und auch Spanien und Portugal eine Rückkehrhilfe erhalten konnten, wenn sie mit ihrer Familie in das Herkunftsland zurückkehrten. Voraussetzung war allerdings, daß sie infolge eines Konkurses oder einer Betriebsstillegung arbeitslos wurden bzw. mindestens seit einem halben Jahr kurzarbeiten mußten. Die Höhe dieser Rückkehrhilfe betrug 10.500 DM, für jedes Kind zusätzlich 1.500 DM.

Von einer zweiten Neuregelung waren besonders portugiesische und türkische Arbeitnehmer betroffen. Wenn sie in ihre Herkunftsländer zurückkehrten, konnten sie die Arbeitnehmerbeiträge, die sie in die deutsche Rentenversicherung gezahlt hatten, sofort ausbezahlt bekommen. Von dieser Neuregelung konnten die ausländischen Arbeitnehmer ungeachtet des Vorliegens von Arbeitslosigkeit oder Kurzarbeit Gebrauch machen.

6. Realisierte Rückkehrabsichten (Fortzüge) der Türken — Steigende Aufenthaltsdauer in der Bundesrepublik Deutschland

Die Zahl der Fortzüge von Türken aus dem Bundesgebiet betrug in den Jahren 1982 86.800 Personen, 1983 100.400 Personen und 1984 (1. Halbjahr) 92.600 Personen. Im Vergleich zu den Jahren 1973 bis 1975 lagen diese Zahlen unter den damaligen Fortzügen. Entscheidend ist jedoch, daß seit 1982 die Zahl der Zuzüge der Türken sehr stark gesunken ist. Diese sanken 1982 auf 82.700, 1983 auf 27.800 und 1984 (1. Halbjahr) auf 14.400 Personen. Ein negativer Wanderungssaldo ist erst seit 1982 festzustellen (vgl. Tabelle 2). Schließlich hat es sich gezeigt, daß von den Türken nur 14.500 Anträge auf Rückkehrhilfe gestellt worden sind; 12.000 davon sind positiv beschieden worden (Angaben der Bundesanstalt für Arbeit, Januar 1985). Die Zahl der infolge dieser finanziellen Rückkehrhilfen ausgereisten Personen wird von der Bundesanstalt für Arbeit mit 37.236 angegeben, d.h., 2,9 Personen pro Antrag. Anträge zur Auszahlung ihrer Arbeitnehmerbeiträge zur Rentenversicherung haben rd. 125.000 Ausländer, davon 100.000 Türken, gestellt. Hier konnte aber nicht unterschieden werden, wieweit sich in diesen Zahlen ein Überhang aus den früheren zwei Jahren bemerkbar gemacht hat.

Wenn wir uns den Wanderungssaldo der Ausländer ansehen, zeigt sich, daß von den ausländischen Arbeitnehmern aus den ehemaligen Anwerbestaaten lediglich rd. 227.700 Personen in den ersten 9 Monaten des Jahres 1984 mehr fort- als zugezogen sind. Bei den Türken lag dieser Wanderungssaldo bei rd. 78.200 Personen.

Ich gehe an dieser Stelle so stark auf die Zuzüge und Fortzüge ein, um nachzuweisen, daß trotz der starken Zunahme der Zahl der türkischen Arbeitnehmer sowie der Zahl der türkischen Wohnbevölkerung — und dabei insbesondere der türkischen Kinder unter 15 Jahre — immer Ab- bzw. Zuwanderungen von Türken in die Bundesrepublik Deutschland stattgefunden haben. Das heißt, Rückkehrabsichten sind realisiert worden.

Auf der anderen Seite zeigen uns jedoch die Daten, daß die Zahl derjenigen Türken, die schon seit langer Zeit in der Bundesrepublik Deutschland leben, ständig angewachsen ist. Die Aufenthaltsdauer der türkischen Arbeitnehmer ist stark angestiegen. Im September 1984 waren 49% der türkischen Wohnbevölkerung länger als 10 Jahre in der Bundesrepublik Deutschland. Weitere 32,11% der Ausländer lebten acht bis unter zehn Jahre im Bundesgebiet. 60% der türkischen Wohnbevölkerung weist eine Aufenthaltsdauer von mehr als acht Jahren in der Bundesrepublik Deutschland auf (vgl. Statistisches Bundesamt, Fachserie 1, Reihe 2, Ausländer 1984, S.57).

Zahlen und Strukturen der ausländischen Wohnbevölkerung belegen weiterhin die Aussage, daß sich in der Bundesrepublik Deutschland eine de facto Einwanderungssituation ergeben hat. Trotzdem wird immer wieder von den Bundesregierungen deklariert, daß die Bundesrepublik Deutschland kein Einwanderungsland sei (vgl. Das Parlament, Nr.43, vom 27.10.1984). Aber 1976 bis 1978 waren jeweils 60% und 1980 bis 1983 jeweils 54% der türkischen Zuwanderer Jugendliche unter 18 Jahren bzw. 16 Jahren. Durch die Einreise von nichterwerbstätigen Ausländerinnen im Zuge der Familiennachholung ist die Erwerbsquote der ausländischen Frauen bis 1980 ebenfalls stark gesunken und hat sich dadurch derjenigen der deutschen verheirateten Frauen angenähert. Die Konsequenzen aus dieser de facto Einwanderungssituation sind jedoch nicht gezogen worden. Im Gegenteil: Das Gesetz zur Förderung der Rückkehrbereitschaft von 1973 hat bei der deutschen Bevölkerung die Illusion genährt, daß sich viele Ausländer dadurch zur Rückkehr in das Entsendeland entschließen würden.

7. Unsicherheit über Rückkehr oder Daueraufenthalt in der Bundesrepublik Deutschland in den 80er Jahren

Die Diskussion der letzten Jahre um die Einführung von finanziellen Rückkehrhilfen für ausländische Arbeitnehmer dürfte sehr negative Auswirkungen gehabt haben. Bei den Ausländern — und nicht nur bei den Türken — ist die Unsicherheit hinsichtlich ihrer Zukunftsplanung vergrößert worden. Vor dem Hintergrund ihres aufenthaltsrechtlichen Status stellt sich für sie die Frage, ob sie sich auf ein dauerhaftes Leben in der Bundesrepublik Deutschland einstellen sollen und dürfen oder ob sie die Rückkehr in das Herkunftsland anstreben sollen oder müssen. Sie selbst haben bei dieser Fragestellung oftmals übersehen, daß in den langen Jahren ihres Lebens in Deutschland bereits ein Integrationsprozeß stattgefunden hat, der nicht reversibel ist. Bei der deutschen Bevölkerung hat das Rückkehrförderungsprogramm die Illusion genährt, daß sich das sog. »Ausländerproblem« durch die Rückwanderung »von allein« löst. Eine Reihe von Deutschen hat fälschlicherweise die hohe Zahl der Arbeitslosen und die mangelhafte Infrastrukturausstattung im Wohn- und Schulbereich den Ausländern angelastet und die Illusion gehegt, daß mit deren Rückwanderung diese Schwierigkeiten gelöst wären. Die langanhaltende Betonung der Aufrechterhaltung der Rückkehrorientierung der Ausländer und schließlich das Gesetz zur Förderung der Rückkehrbereitschaft von 1983 haben verhindert, daß der deutschen Bevölkerung bewußt geworden ist, daß z.B. infolge der Erweiterung der Europäischen Gemeinschaften in Zukunft immer mehr ausländische Arbeitnehmer mit ihren Familienangehörigen das *Recht auf Aufenthalt* in der Bundesrepublik Deutschland haben werden. Ebensowenig ist ihnen klar geworden, daß ein großer Teil der Ausländer, insbesondere die hier geborenen oder aufgewachsenen ausländischen Jugendlichen, infolge ihres Integrationsprozesses, der sich z.B. in ihren Verhaltensweisen, Erwartungen und Ansprüchen widerspiegelt, inzwischen mehr »Deutsche« als »Ausländer« geworden sind. Nicht umsonst haben z.B. die türkischen Rückkehrer starke Anpassungsprobleme, die bei den türkischen Kindern und Jugendlichen größer sind als bei den Erwachsenen.

Die Eltern der türkischen Jugendlichen reagierten auf das Gesetz zur Förderung der Rückkehrbereitschaft sowie auf die zunehmende Ausländerfeindlichkeit, indem sie erneut die Frage einer Rückkehr in das Herkunftsland diskutierten. Ob diese Reaktion der ausländischen Eltern zunächst in einer Verunsicherung in ihren Verhaltensweisen und Zukunftsplänen besteht oder in konkrete Rückkehrabsichten einmündet, hängt wesentlich von ihrer Aufenthaltsdauer in der Bundesrepublik Deutschland und dem erreichten Integrationsgrad ab. Zu diesen Aussagen gelange ich aufgrund von Intensivinterviews mit türkischen Jugendlichen während eines gerade abgeschlossenen Forschungsprojektes über »Offene Jugendarbeit mit deutschen und ausländischen Jugendlichen in kommunalen Freizeitzentren.« Viele türkische Jugendliche erkärten uns bei Intensivinterviews, daß sie sich nicht mehr von den Eltern in das Herkunftsland zurückschicken lassen wollen. Sie berichteten von Konflikten mit ihren Eltern, die ihnen nicht erlauben wollen, allein in der Bundesrepublik Deutschland zu bleiben (vgl. P. König, G. Schlutze, Offene Jugendarbeit mit deutschen und ausländischen Jugendlichen in kommunalen Freizeitzentren, Bonn 1985, S. 70ff.). Aufgrund der Aussagen der türkischen Jugendlichen im Rahmen unseres zur Zeit laufenden Projektes »Modellmaßnahmen zur Verbesserung des Übergangs türkischer Jugendlicher von der Schule oder von berufsvorbereitenden Maßnahmen in einen Ausbildungsberuf« können wir folgendes Bild hinsichtlich ihrer Zukunftsvorstellungen und Pläne im Jahre 1984 angeben: Viele von ihnen behalten zunächst die Orientierung an der Türkei als grundsätzliche Lebensperspektive bei. Andererseits wollen die türkischen Jugendlichen sich nicht festlegen und halten eine Zukunft in der Türkei *und* in der Bundesrepublik Deutschland für möglich. Letztlich machen sie die Entscheidung für ein Leben in der Bundesrepublik Deutschland oder in der Türkei aber von ihren Arbeits- und Lebensbedingungen in der Bundesrepublik Deutschland abhängig. Bei diesen Aussagen wird das Dilemma der türkischen Jugendlichen offenbar: Die Orientierung an der Türkei wird als eine Art »Rationalisierung« einer infolge von wirtschaftlichen und/oder ausländerpolitischen Bedingungen denkbaren Rückkehr dargestellt. Als Reaktion auf die Ausländerfeindlichkeit, auf die schlechte Lage auf dem Arbeitsmarkt und die geringen Chancen, eine qualifizierte Berufsausbildung aufzunehmen, halten sich die ausländischen Jugendlichen die Perspektive einer Rückkehr in das Herkunftsland stärker offen als früher. Allerdings machen sie deutlich, daß sie nicht freiwillig gehen wollen, sondern daß sie mit diesen Aussagen auf die Notwendigkeit einer Rückkehr reagieren (vgl. W. Amman, G. Backes, U. Mehrländer, Zwischenbericht zum Projekt, S. 37ff.).

8. Abschließende Bemerkungen

Mit der Darstellung der Wanderungsbewegungen, d.h. der Zu- und Fortzüge der Türken, und der Entwicklung der Zahl der türkischen Arbeitnehmer bzw. der türkischen Wohnbevölkerung sowie der Auswirkungen der Ausländerpolitik wollte ich deutlich machen, daß die Integration der Türken in die deutsche Gesellschaft oder als Alternative Rückkehr in das Herkunftsland keine Konstanten sind, sondern vielfältigen Einflüssen unterliegen.

Anhand unserer Daten aus der Repräsentativuntersuchung '80 zur sozialen Situation der Ausländer in Deutschland ließ sich zeigen, daß die Mehrzahl der Ausländer Rückkehrpläne in das Heimatland hatte, diese aber bezüglich des Zeitpunkts sehr unbestimmt gewesen sind. Jüngere hatten seltener die Absicht, in das Herkunftsland zurückzukehren, als Ältere. Daß diese Rückkehrpläne der Ausländer meist als »Heimkehrillusion« zu werten sind, ergibt sich aus den Voraussetzungen, die sie für die Rückkehr nannten: Genauso gute Arbeits- und Verdienstmöglichkeiten im Entsendeland wie in der Bundesrepublik Deutschland. Der Anteil der Rückkehrer sank rapide, wenn Familienangehörige in der Bundesrepublik Deutschland bleiben wollten. Viele ausländische Jugendliche wollten aber ihre Eltern, wie sie erklärten, beeinflussen, damit sie die eventuell geplante Rückkehr aufgeben (vgl. U. Mehrländer u.a., a.a.O., S. 544 ff.). Diese vorhandene »Heimkehrillusion«, aber auch ausländerpolitische Maßnahmen wie z.B. das Rückkehrförderungsgesetz von 1983 sowie die damit zusammenhängende Diskussion in der Öffentlichkeit hindern die türkische Wohnbevölkerung, das Provisorische ihres Lebens in der Bundesrepublik Deutschland zu beenden. Trotz ihrer langen Aufenthaltsdauer und trotz des aus unseren Untersuchungen nachweisbaren Integrationsprozesses in die deutsche Gesellschaft läßt sich erkennen, daß Rückkehrabsichten immer noch beibehalten werden. Diese Rückkehrabsichten sind jedoch auch als eine Reaktion auf ihre Situation in der Bundesrepublik Deutschland zu werten. Wenn die Türken von der deutschen Bevölkerung nicht als »dauerhafte Zuwanderer« bzw. »Einwanderer« betrachtet und dementsprechend behandelt werden, d.h. wenn nicht der de-facto-Einwanderungssituation mit verstärkten Integrationsangeboten Rechnung getragen wird, dann wird die Unsicherheit in der Orientierung hinsichtlich Rückkehr oder Verbleib bei der türkischen Wohnbevölkerung fortbestehen.

Zur Zeit wird von der Bundesregierung versichert, daß an eine Neuauflage des Rückkehrförderungsprogramms nicht gedacht ist. Es sollte auch klar gesehen werden, daß die Probleme der Entsendeländer im Hinblick auf ihre wirtschaftliche und soziale Entwicklung durch derartige, am einzelnen Ausländer orientierte Rückkehrhilfen nicht gelöst werden können. Das gilt inbesondere auch für die Türkei.

Tabelle 1: Entwicklung der Zahl der türkischen Arbeitnehmer bzw. der türkischen Wohnbevölkerung

	Türkische Arbeitnehmer		Türkische Wohnbevölkerung		Türkische Kinder unter 15 Jahre in der BRD	
Jahr	absolut[1]	in % aller ausländischen Arbeitnehmer	absolut	in % der gesamten ausländischen Wohnbevölkerung	absolut	in % der türkischen Wohnbevölkerung
1968	139.336	12,8	205.354	10,7	[3]	
1969	212.951	14,2	322.421	13,5	[3]	
1970	327.985	16,8	469.160	15,8	[3]	
1971	424.374	18,9	652.812	19,0	[3]	
1972	479.296	21,1	712.289	20,2	[3]	
1973	[2]		910.525	23,0	158.500	17,4
1974	[2]		1 027.770	24,9	216.700	21,1
1975	553.217	27,1	1 077.097	26,3	277.700	25,8
1976	527.438	27,5	1 079.300	27,3	311.400	28,9
1977	517.476	27,7	1 118.041	28,3	344.100	30,8
1978	514.694	27,6	1 165.119	29,3	375.600	32,2
1979	540.471	27,8	1 268.307	30,6	419.700	33,1
1980	591.483		1 462.442	32,8	490.100	33,5
1981	583.966	30,4	1 546.280	33,4	521.000	33,7
1982	553.975	31,1	1 580.700	33,9	540.700	34,2
1983	540.496	31,5	1 552.300	34,2	522.900	33,7
1984	499.947	31,4	1 425.800	32,7	466.300	32,7

1) Stichtag jeweils 30.6.

2) Für diese Jahre liegen keine statistischen Angaben vor, da damals die Statistik der Bundesanstalt für Arbeit umgestellt worden ist.

3) Für die Jahre vor 1972 sind die Zahlen nicht nach Nationalität und Alter gegliedert veröffentlicht worden.

Quelle: Statistisches Bundesamt, Fachserie 1: Bevölkerung und Erwerbstätigkeit, Reihe 1.4: Ausländer, verschiedene Jahre;
Statistisches Jahrbuch, verschiedene Jahre;
Amtliche Nachrichten der Bundesanstalt für Arbeit (ANBA), verschiedene Jahre;
Eigene Berechnungen.

Tabelle 2: Wanderungsprozeß der Türken in das oder aus dem Bundesgebiet (in 1.000)

Wanderungen / Jahr	1973	1974	1975	1976	1977	1978	1979	1980	1981	1982	1983	1984[1]	1973-1984[1] Total
Zuzüge	249,0	160,4	96,5	105,7	114,5	131,0	171,8	212,2	84,0	42,7	27,8	14,4	1.410,0
Fortzüge	96,0	110,8	140,4	130,3	113,5	88,0	66,2	70,5	70,9	86,8	100,4	92,6	1.166,4
Wanderungssaldo	+ 153,0	+ 49,6	— 43,9	— 24,6	+ 1,0	+ 43,0	+ 105,6	+ 141,7	+ 13,1	— 44,1	—72,6	—78,2	+ 243,6

1) 1. Halbjahr

Quelle: Mitteilungen der Beauftragten der Bundesregierung für Ausländerfragen, Daten Fakten zur Ausländersituation, Januar 1985, S. 31 (Auszug sowie eigene Berechnungen)

Dr. Gerd Diers

Türkische Wohnbevölkerung in NRW — ihre Zukunftschancen und die Eingliederungsmaßnahmen des Landes Nordrhein-Westfalen

Um die Entwicklung bewerten und das Problem in seinem gesamten Umfang abschätzen zu können, muß ich Sie zu Beginn meiner Ausführungen mit einigen Zahlen konfrontieren.

Ausländische Wohnbevölkerung in Nordrhein-Westfalen:

	Ausl. Wohnbev.	Türken	v.H.d. ausl. W.
1967 —	513.000	— 51.000	— 9,9%
1972 —	1.021.000	— 221.000	— 21,7%
1977 —	1.211.000	— 394.000	— 32,5%
1980 —	1.378.000	— 515.000	— 37,4%
1982 —	1.443.000	— 556.000	— 38,5%
1984 —	1.324.000	— 493.000	— 37,2%

Über die hieraus ableitbaren Trends sind sich die Fachleute nicht ganz einig. Während die Bevölkerungsstatistiker für den Landesentwicklungsbericht einen leichten Anstieg der ausländischen Bevölkerungsgruppe vorhersagen, glauben andere Experten, daß sich die Rückwanderung und der Geburtenüberschuß ausgleichen und wir daher auf mittlere Sicht mit einer etwa stagnierenden ausländischen Wohnbevölkerung in Nordrhein-Westfalen zu rechnen haben. Ich selbst neige dieser zweiten Annahme zu, da sich — wie die Nettoreproduktionsrate in der zeitlichen Entwicklung ausweist — das Regenerationsverhalten der bei uns lebenden Ausländer unter dem Einfluß einer hoch entwickelten Industriegesellschaft abweichend von dem im Heimatland entwickelt. Verkürzt ausgedrückt: Unter den Bedingungen der Bundesrepublik haben auch türkische Familien weniger Kinder als vergleichbare Familien in der Türkei.

Die konkrete Frage nach den Zukunftschancen führt uns von

der rein quantitativen Betrachtung zur qualitativen und macht daher eine Differenzierung notwendig.

Die erste Generation oder die Elterngeneration ist angeworben worden für bestimmte Arbeitsplätze, die vorhanden waren und nur geringe oder gar keine Qualifikationen voraussetzen. Da sich die Bundesrepublik nicht als Einwanderungsland verstand und auch die angeworbenen Arbeitnehmer nicht als Einwanderer kamen, hat es für sie weder ein gezieltes Integrationsprogramm, noch besondere berufliche Qualifizierungsmaßnahmen gegeben. Abgesehen von individuellen Integrations-bzw. Qualifizierungsleistungen sind daher trotz zum Teil sehr langer Aufenthaltsdauer die Voraussetzungen für positive Zukunftschancen kaum verbessert worden.

Da Arbeitsplätze mit geringem Qualifikationsprofil am ehesten durch Rationalisierungsmaßnahmen gefährdet sind, können die Zukunftschancen dieses Teils der türkischen Bevölkerungsgruppe nicht als günstig angesehen werden. Ihre Arbeitsplätze sind mehr und mehr bedroht; ihre Wiedereingliederung nach Arbeitslosigkeit wird immer schwieriger. Zur Zeit werden Überlegungen angestellt, ob innerbetriebliche oder außerbetriebliche Weiterbildungsmaßnahmen und in deren Folge höhere berufliche Qualifikationen solche Arbeitsplätze sichern bzw. die Vermittlungschancen steigern können.

Selbst wenn man davon ausgeht, daß diese Gruppe durch Altersabgang ständig kleiner wird und selbst wenn aus den erwähnten Überlegungen konkrete Programme werden, müssen die Zukunftschancen der Elterngeneration eher negativ gesehen werden.

Ganz anders beurteile ich die Situation für die 2. und 3. bei uns lebende Generation. Ihre Zukunftschancen werden ganz wesentlich geprägt durch die Intensität und den Erfolg, mit denen sie die vielfältigen Integrationsmaßnahmen angenommen und durchlaufen haben. Die Kinder und Enkel der 1. Generation haben gute Integrationschancen, haben im Vergleich zu ihren Eltern verbesserte Möglichkeiten auch zur beruflichen Qualifizierung und verfügen somit ganz allgemein über bessere Zukunftschancen.

Einen Sonderfall stellen in diesem Zusammenhang die Frauen und Mädchen der 2. und 3. Generation dar, weil deren Bereitschaft, an den vielfältigen Integrationsangeboten teilzunehmen, wohl unter dem Einfluß des Rollenverständnisses in der türkischen Gesellschaft und Familie stark reduziert ist.

Nun erfordert die Frage nach den Zukunftschancen grundsätzlich zwei Antworten: Zum einen muß beurteilt werden, welche Voraussetzungen bringt der einzelne mit, um in der Zukunft Chancen zu haben — dies haben wir gerade skizziert; zum anderen muß gefragt werden, welche Chancen wird die Zukunft dem einzelnen eröffnen.

Sie wissen, daß Nordrhein-Westfalen sich derzeit in einer schwierigen Strukturkrise befindet. Die ursprünglichen Schwerpunkte der wirtschaftlichen Infrastruktur unseres Landes — der Bergbau und die Stahlindustrie — befinden sich aufgrund weltweiter Entwicklungen in einer schwierigen Lage. Ihre früher dominierende Stellung für das Land hat die rechtzeitige Umstrukturierung auf andere zukunftsträchtige Industrien mindestens behindert. Aus diesem Grunde haben wir stärker als andere Bundesländer mit dem Problem der Arbeitslosigkeit zu kämpfen; wir haben stärker als andere Bundesländer öffentliche Aufwendungen zur Beschleunigung des Umstrukturierungsprozesses zu tragen; und wir haben stärker als andere Bundesländer Aufwendungen zu erbringen, um die infrastrukturellen Voraussetzungen für eine beschleunigte Erneuerung unserer Wirtschaftsstruktur zu schaffen. Dies engt den sozialpolitischen Handlungsspielraum der Landesregierung erheblich ein.

Wenn aber der Umstrukturierungsprozeß zusätzliche Arbeitsplätze schafft und damit die Chancen zum Abbau der Arbeitslosigkeit mittel- oder langfristig eröffnet werden, so kann schon jetzt gesagt werden, daß diese Arbeitsplätze hohe berufliche Qualifikationen erfordern. Der Faktor berufliche Qualifikation bestimmt also auch von der Seite der wirtschaftlichen Entwicklung her die Zukunftschancen der ausländischen Wohnbevölkerung. Ich habe diesen Zusammenhang bei ähnlichen Ausführungen in Bursa einmal auf folgende Formel gebracht: Wir können keinem Ausländer garantieren, daß er mit beruflicher Qualifikation einen Arbeitsplatz bekommen wird; aber man kann fast garantieren, daß er ohne berufliche Qualifikation keinen Arbeitsplatz bekommen wird.

Um möglichst vielen ausländischen Jugendlichen — Angehörigen also der 2. und der folgenden Generation — die Chance zu geben, mit guten Aussichten an dieser Entwicklung teilzunehmen, ist es die erklärte Absicht der Landesregierung von Nordrhein-Westfalen, ihre Integrationsmaßnahmen in dem bisherigen Umfang aufrechtzuerhalten.

Hierzu gehört in erster Linie, daß die Basishilfen uneingeschränkt fortgesetzt werden: Das relativ dichte Netz ausländischer Sozialberater (360 insgesamt, davon 141 Türken) wird aufrechterhalten und evtl. werden noch zusätzliche türkische Sozialarbeiter eingestellt. Die etwa 120 Ausländerzentren mit ihren vielfältigen Aktivitäten werden weiterhin gefördert.

Der muttersprachliche Ergänzungsunterricht auf freiwilliger Basis wird soweit dies schulorganisatorisch möglich ist, aufrechterhalten, oder sogar bedarfsgerecht ausgebaut.

Im wesentlichen aber wird es zur Verbesserung der Zukunftschancen darauf ankommen, daß die jungen Ausländer und insbesondere auch die Türken erfolgreich die Regeleinrichtungen — Vorschule, Grundschule, Hauptschule usw. — durchlaufen oder wenigsten die zusätzlichen Hilfsangebote annehmen, um den Übergang ins Berufsleben zu schaffen.

Wir haben zwar keine exakten Zahlen, aber ich bin ganz sicher, daß der Großteil der ausländischen arbeitslosen Jugendlichen oder jungen Männer sich aus der Gruppe der ehemaligen Seiteneinsteiger rekrutiert. Jedenfalls hat für diejenigen, die das System voll durchlaufen haben, Vorschule, Schule in Form von Grund- und Hauptschule, die Situation sich insofern gebessert, als die Zahl der erfolgreichen Hauptschulabschlüsse in den Jahren ständig gestiegen ist. Sie hat immer noch keine befriedigende Höhe; noch immer erreichen 30,5 % der ausländischen Kinder keinen ordnungsgemäßen Schulabschluß bei uns. Von dieser Globalzahl, leider konnte der Kultusminister in der Kürze der Zeit keine nationalitätendifferenzierten Zahlen zur Verfügung stellen, weichen türkische Schüler aller Erfahrung nach negativ ab; daher wird also der Bereich Grundschule/Hauptschule und weiterführende Schule nach wie vor auch in den kommenden Jahren ein Hauptproblembereich bleiben.

Bei den weiterführenden Schulen, glaube ich, ist bisher versäumt worden, eine entsprechende Werbung, eine entsprechende Beratung der Eltern in großem Umfange vorzunehmen. Mir wird berichtet, daß bei deutschen Schülern bei guten Leistungen in der Grundschule der Übergang in weiterführende Schulen fast selbstverständlich ist, während sich für den ausländischen Schüler bei gleichen Leistungen meist ganz automatisch der Übergang in die Hauptschule ergibt.

MBSE als die nach der Vollzeitschulpflicht mögliche Hilfe, ist aus der Einschätzung der Landesregierung in ihrem Umfang und ihrer Bedeutung eine rückläufige Maßnahme. Zwar können wir uns eine Reihe weiterer Entwicklungen vorstellen, wir glauben aber nicht, daß eine solche Umstrukturierung bundeseinheitlich und in Übereinstimmung mit der Arbeitsverwaltung zu schaffen ist; mit der gegenwärtigen Zielsetzung wird MBSE wahrscheinlich in absehbarer Zeit auslaufen.

Sie sehen das auch an den Teilnehmerzahlen. In Nordrhein-Westfalen hatten wir immer eine Plangröße für 5.000 Teilnehmer. Die ist zu keinem Zeitpunkt erreicht worden. Der höchste Stand waren 4.200 Teilnehmer, zur Zeit liegt die Teilnehmerzahl für das gerade begonnene Kursjahr bei ca. 1.000 Teilnehmern.

Wie weit sichdie Nachfrage nach Sprachkursen, fortsetzen wird, vermag ich nicht zu sagen. Es ist immerhin denkbar, daß sie noch eine Zeitlang anhalten wird. Die Landesregierung sieht von sich aus gegenwärtig keine Notwendigkeit, die Förderung in diesem Bereich zu reduzieren. Das hängt von bestimmten Grundsatzentscheidungen ab, die möglicherweise in den nächsten Jahren fallen werden.

Einige Worte noch zu den zukünftigen Schwerpunktaufgaben.

Wir sehen den Bereich Schule weiterhin als Problemfeld und sind daher sehr daran interessiert gewesen, das Modell der regionalen Arbeitsstellen, über das Herr Petry ja noch sprechen wird, nach Ablauf der Modellphase in eine Regelförderung durch das Land zu übernehmen, wobei sich die Hoffnungen des Ministers für Arbeit, Gesundheit und Soziales ganz besonders darauf richten, daß die offensichtlich sehr erfolgreiche schulbezogene Arbeit unter Einbeziehung des außerschulischen Bereichs ganz erheblich gesteigert werden kann und daß wir mittelfristig zu einem sehr wirkungsvollen System von Hilfen kommen werden. Rein von der Ressortzugehörigkeit richten sich meine Erwartungen mehr in den außerschulischen Bereich als in den schulischen, aber da sind ja Wechselwirkungen sicherlich nicht verboten.

Was uns wichtiger erscheint bei der neuen Struktur der Regionalen Arbeitsstellen, das istihre Anbindung an die örtlichen Koordinierungskreise, weil wir glauben, daß alles, was sich am Ort an Aktivitäten durch die an Arbeit der Verbände ansiedelt hat oder noch ergeben kann, in die bereits gesammelten Erfahrungen aus dem Schulbereich bezogen werden kann; und wir hoffen, daß die Arbeit im außerschulischen Bereich ganz erhebliche Impulse erfahren kann von den Erfahrungen, die in der schulbezogenen Arbeit gewonnen werden.

Für mein engeres Aufgabengebiet sehen wir für die Zukunft als Schwerpunkt den Bereich Übergang Schule/Beruf, wobei wir zur Zeit zwei Dinge in den Vordergrund stellen, die sich schon mit entsprechender Bedeutung abzeichnen, das eine ist die Notwendigkeit von Motivations- und Stützmaßnahmen. Der Versuch, schon sehr frühzeitig die ausländischen Jugendlichen und insbesondere auch die türkischen Jugendlichen zu motivieren, hohe schulische Abschlüsse anzustreben, hohe berufliche Qualifikationen anzustreben und entsprechende Hilfen zu entwickeln, um sie bei der Realisierung dieser Vorstellungen zu unterstützen.

Dies strukturiert dann den zweiten Schwerpunkt, den wir für die Zukunft sehen und der sich gerade in diesem Jahr und im kommenden Jahr in ersten Ansätzen entwickeln wird, nämlich der eines Systems ausbildungsbegleitender Hilfen. Wir müssen etwas unternehmen, um die Abbrecherquote bei ausländischen Jugendlichen in beruflicher Ausbildung zu senken. Dies ist nicht nur ein Problem der unmittelbar davon betroffenen Jugendlichen, die eine Chance nicht wahrgenommen haben, das ist auch ein Problem der zukünftigen Vermittlung von Ausländern an die Ausbildungsbetriebe. Wir hören jetzt allmählich von großen, namhaften Betrieben, daß sie langsam die Lust daran verlieren, Ausländer auszubilden, weil nur eine geringe Zahl dieser Jugendlichen bei der Stange bleibt, d.h. die Ausbildung auch erfolgreich abschließt.

Diesen Bereich werden wir ergänzen durch Maßnahmen zur

sozialpädagogischen Begleitung, und da kommen Fragen der Qualifikation vorhandener Mitarbeiter oder Helfer auf den Tisch. Die Maßnahmen, mit denen wir in den vergangenen Jahren und auch noch zur Zeit versuchen, die Mitarbeiter in den ausländischen Sozialdiensten zu qualifizieren, nach Möglichkeit auf das Niveau von Sozialarbeitern, erhalten in diesem Zusammenhang ihre Bedeutung. Das haben wir ja nicht getan, um ihnen die Voraussetzungen für eine höhere Einstufung nach BAT zu verschaffen, sondern weil ihre Arbeit anspruchsvoller wird und weil wir sie einbeziehen wollen in diese Arbeit der sozialpädagogischen Begleitung.

Und nun abschließend vielleicht ein Sprung etwas über die nahe Zukunft voraus: im Ergebnis stellen wir uns im außerschulischen Bereich ein System von Hilfen vor, das man strukturieren könnte als stadtteilbezogene Sozialarbeit. Wir stellen uns also Zentren vor, in denen diese Hilfen lokal gegliedert organisiert werden, in denen Ausländer wie Deutsche, Verbände neben Schule, städt. Verwaltung wie Landesförderung zusammenwirken, um mit großer Flexibilität auf aktuelle Bedarfslagen reagieren zu können. Jedenfalls glauben wir, daß das Entwickeln weiterer Kursangebote wenig erfolgversprechend ist.

Christian Petry

Projekte für die türkische Wohnbevölkerung

Zum Beispiel: Die Regionalen Arbeitsstellen zur Förderung ausländischer Kinder und Jugendlicher (RAA) im Ruhrgebiet nach fünf Jahren.

Wenn ich, wie jetzt, über die RAA sprechen soll, fühle ich mich eigentlich an eine Geschichte von Brecht erinnert. Der König hält Hof. Als letzter, nach langem Warten, wird der Oberhofmeister vorgelassen. Etwas müde fragt der König: »Was gibt es Neues in der ausländerpädagogischen Provinz?« — »Nichts Neues«, lautet die knappe Antwort, »aber kennen Majestät schon das Alte?«

Die RAA existieren bereits seit 5 Jahren. Für Projekte ist dies eine lange Zeit. Ein Merkmal vieler Maßnahmen, vieler Initiativen und Projekte, die sich mit der Eingliederung ausländischer Kinder, Jugendlicher und Familien beschäftigen, ist ihre Kurzfristigkeit. Ein langfristiges Problem wurde in den vergangenen Jahren sehr oft und zu oft mit kurzfristigen Maßnahmen beantwortet. Und dieses ist mit Sicherheit eines der Momente, die auch die Wirksamkeit all solcher Maßnahmen begrenzen. Tausend Luftballons, die irgendwann im Himmel zerplatzen. Die RAA ist in der glücklichen Lage, mit einer längeren Dauer rechnen zu können. Fünf Jahre sind schon eine lange Zeit, und dank des Einflusses und des Engagements vieler, die hier sitzen, wird es die RAA auch noch nach Ablauf der Modellversuchsphase in Nordrhein-Westfalen geben.

Das Ministerium für Arbeit, Gesundheit und Soziales, die Kommunen und der Kultusminister haben sich entschlossen, die RAA als Regeleinrichtung weiterzuführen. Trotz solchen äußeren Erfolges kann man der Frage nicht ausweichen: Nützen solche Projekte und Maßnahmen zur Verbesserung der Situation ausländischer Kinder und Jugendlicher eigentlich denen, für die sie gerade gedacht sind? Ich höre im Prinzip folgende mögliche Antworten: 1. Der Bedarf an Maßnahmen schwindet, weil »das Problem eigentlich erledigt ist«. Diese Antwort kann man vor allem in südlichen Gegenden der Bundesrepublik finden. Die 2. Antwort ist: »Ja, Projekte und alles, was darin geschehen ist, waren nützlich, aber die Aufgaben müssen und können vom normalen System übernommen werden«. Die 3. Antwort wird von einer Minderheit gegeben: »Ja, die Maßnahmen sollten weitergeführt werden. Denn die Aufgaben, um die es sich hier handelt, sind ungelöst und allenfalls langfristig zu bewältigen. Deswegen darf man nicht aufhören zu experimentieren, zu lernen und nach neuen Wegen zu suchen.«

Mir scheint nur die dritte Antwort akzeptabel. Die Aufgaben sind fern davon, gelöst zu sein. Die abflauende Konjunktur der Geltung innovativer Ausländerprojekte kann sich nicht auf Bewältigung des Problems berufen. Aber haben diejenigen nicht recht, die resignierend sagen, daß besondere Anstrengungen ohnehin nichts nützen, man es also laufen lassen muß?

Mir scheint, am Beispiel der RAA läßt sich, wie an anderen langfristig wirksamen Projekten oder Maßnahmen auch, zeigen, daß die »Eingliederung« von Ausländern — heute sprechen wir über Türken — auf die Dauer eine realistische Möglichkeit ist. Wobei ich, wenn ich von »Eingliederung« spreche, eine Erweiterung der Nutzung von Lebenschancen meine, die nicht die Zerstörung der kulturellen Identität zum Preis hat.

Herr Diers hat bereits darüber gesprochen, daß sich trotz sehr widriger ausländerrechtlicher und politischer Rahmenbedingungen generell in den vergangenen Jahren positive Entwicklungen zeigen lassen.

Ich möchte dies aus meiner Sicht bestätigen. Daher erspare ich Ihnen meine Ausführungen, die in ähnliche Richtung gehen. Lassen Sie mich zur Illustration nur die zahlenmäßige Entwicklung der Stadt Gladbeck vorführen.

In Gladbeck sind 1980 etwa 2,9% der Kinder nach der Grundschule ins Gymnasium gegangen. Das Engagement der Beteiligten, und in einer kleinen Stadt ist es oft das Engagement nur sehr weniger, hat dazu geführt, daß 1984/85 17,9% im Gymnasium waren. Ich habe Gladbeck ausgewählt, weil die Anfangsbedingungen besonders schlecht waren und sich dementsprechend hier zeigen läßt, was durch Engagement möglich ist. In der Hauptschule waren 1980 83%, 1984/85 57% der ausländischen Schüler. In der Gesamtschule waren 1980 5,7%, 1984/85 waren es 6,8%. Die neuesten Zahlen habe ich noch nicht. Hauptschulabschlüsse: 1980/81 waren es ungefähr 72%, die ohne Abschluß blieben. Heute sind es 34%, wobei man sagen muß, daß 80% der Ausländer Türken sind. Das heißt also 27,5% machten 1980/81 einen Abschluß, heute sind es 53,5%, wenn man die Fachoberschulreife und ähnliche Abschlüsse dazunimmt. Was die Ausbildungssituation betrifft, so kann man sagen, daß man vor 5, ja noch vor 3 Jahren, einfach von einem Drittel der Jugendlichen nicht wußte, was mit ihnen geschieht.

Heute ist es so, daß keiner der Jugendlichen irgenwo hingeschickt worden ist oder einfach verloren ging, sondern alle irgendeine Form von Bildungsmaßnahme nach dem Ende der Hauptschule gefunden haben oder ihnen eine solche vermittelt worden ist.

Der Hauptschulabschluß und die erfolgreiche Teilnahme an berufsvorbereitenden Maßnahmen garantieren keine Ausbildungsplätze und keinen Job. Aber der Übergang von der Schule zum Beruf, der für viele ein Dschungel war und ist, kann übersichtlicher gemacht werden. Und das bedeutet, daß die Voraussetzungen für eine berufliche Ausbildung sich verbessert haben.

Generell kann man z.B. auch sagen, daß sich die Situation der Kinder vor der Schule verbessert hat. Die Maßnahmen des Landes haben dazu geführt, daß mehr Kinder, die keinen Platz im Kindergarten finden, eine gewisse Vorbereitung auf die Schule erfahren haben. Aber im Vergleich zu dem, was notwendig ist, ist dies bei weitem nicht genug: Es sind immer noch zu viele Kinder in der Sonderschule, die dort nicht hingehören, es sind immer noch zu wenige im Gymnasium, es sind immer noch zu viele in der Hauptschule, im Vergleich zu den deutschen Kindern und Jugendlichen. Und ich kann nur unterstreichen, was Herr Diers gesagt hat: Hier stellen sich Aufgaben, die uns noch viele Jahre beschäftigen werden. Die Ziele und Arbeitsergebnisse der RAA lassen sich allerdings mit Hilfe solcher Zahlen alleine nicht beschreiben.

Die RAA wollten immer viel mehr, als sich gezielt etwa einzelnen Problemen innerhalb der Schulen widmen. Es waren relativ qualitative Ziele, die wir uns gesetzt haben. Ich nenne hier nur: Die Überwindung der Zersplitterung der helfenden und erziehenden Berufe. Dabei war die Grunderfahrung auch die Ausgangsannahme, daß innerhalb und außerhalb der Schule viel zu viele Berufe und Institutionen viel zu getrennt voneinander mit den Familien zu tun haben, daß die Wirkung der einzelnen helfenden und erziehenden Berufe vergrößert werden kann, wenn sie zur Zusammenarbeit im Umfeld der Schule, im Stadtteil gebraucht werden können. Ein weiteres Ziel war die Steigerung, die Verbesserung des interkulturellen Verständnisses, vor allem durch die Repräsentanz der Kultur der Minderheiten in den Bildungseinrichtungen. Die Vorstellung war dabei auch, daß es eine wichtige Voraussetzung für alle Bildungserfolge ist, daß das, was mit den Kindern betrieben wird, von den Eltern und der weiteren Familie unterstützt wird. Umgekehrt gesagt: Daß Distanz zwischen Elternhaus und Schule einer der zentralen Gründe ist für das Scheitern der Kinder in der Schule, und daß deswegen die Überwindung dieser Distanz eines der wichtigsten pädagogischen Ziele ist. Die Überwindung der Distanz verlangt zunächst einmal, daß die Kultur derjenigen, deren Distanz wir überwinden wollen, berücksichtigt wird und Eingang findet in den Bildungseinrichtungen als interkulturelle Erziehung.

Öffnung der Schulen, Einbeziehung der Eltern, Überwindung der Grenzen von Schule und Nachbarschaft, Förderung der interkulturellen Kommunikation und Erziehung, Zusammenarbeit der schulischen und außerschulischen Einrichtungen.

Das klingt vielleicht noch alles formal und abstrakt. Bei der Eröffnung vor 5 Jahren habe ich einmal versucht, das, was wir uns als Ergebnis der Arbeit einer Regionalen Arbeitsstelle wünschten, zu beschreiben:

Ich zitiere: »Stellen wir uns für einen Augenblick einen utopischen Zustand vor, in dem vieles, was zur Zeit in einzelnen Ansätzen vorhanden ist, sich miteinander verbunden hat. Nehmen wir einen Tag an irgendeiner Schule im Ruhrgebiet in unbestimmter Zukunft. In dieser fiktiven Schule sähe man nicht nur Kinder am Vormittag, sondern auch deutsche und ausländische Mütter. Die einen würden zusammen mit einer Lehrerin Sprachspiele basteln, die sie zur Vorbereitung ihrer Kinder auf die Schule mit nach Hause nehmen könnten, die anderen würden einen Konversationskurs mit deutschen Partnerinnen machen. Dies alles würde in einem Raum stattfinden, der für die Eltern reserviert wäre. An der Wand würde man Nachrichten der Volkshochschule, von Vereinen und Kirchen finden: Nähkurse, Sprachkurse, Alphabetisierungskurse, bis zum Diätkurs oder Trimm-Dich-Club, die parallel zur Hausaufgabenhilfe stattfänden. Eltern könnten wir aber im Unterricht treffen, sogar in der benachbarten Hauptschule, wo sie über ihre Berufe informieren würden. Auch vom Arbeitsamt und von den Betrieben wäre jemand gekommen, um über das bevorstehende Betriebspraktikum zu sprechen. Einige Eltern würden am Nachmittag eine »Hilf deiner Schule - Woche« vorbereiten und ein großes Einschulungsfest. Es würden weitere Aktionen zur kindgerechten Einschulung geplant. Ihre kleinen Kinder hätten sie mitgebracht, sie würden in einer Spielecke beschäftigt. Wenn man am Abend durch einige leere Klassen ginge, könnte man schon an der Ausgestaltung des Raumes sehen, daß hier nicht nur deutsche Kinder unterrichtet werden. An den Wänden wären Bilder, Karten, Skizzen aus den Herkunftsländern zu finden und auch Bücher aus den Ländern und über sie. In der kleinen Klassenbücherei sähe man Unterrichtsmaterialien, die bezeugen, daß hier auch ausländische Kinder unterrichtet werden.

Solche Unterrichtsmaterialien gäbe es für alle Fächer, für Geschichte, Deutsch, Musik, für Mathematik, für den muttersprachlichen Unterricht. Vielleicht würde hier auch ein Heft liegen, wie ein Moslem betet und wie ein Christ betet oder Einladungen, mit moslemischen Kindern das Zuckerfest zu feiern. Da lägen z.B. griechische und spanische Geschichtentexte und Noten und Lieder, die in einer der nächsten Schulversammlungen vorgeführt werden sollen. Man sähe z.B. an der Einrichtung des Klassenraumes bereits, daß hier in sehr offenen Formen unterrichtet wird, daß verschiedene Gruppen sehr Unterschiedliches tun, je nach Lernvoraussetzung. In einem anderen Raum gäbe es eine Veranstaltung »Erziehen in Deutschland«. Viele deutsche und ausländische Eltern wären anwesend. Es würde offen über kulturelle Differenzen, z.B. über die Erziehung der Mädchen gesprochen, über die Förderung ausländischer Kinder in weiterführenden Schulen. Die anwesenden deutschen und ausländischen Lehrer hätten bei dem Gespräch keine sprachlichen Probleme mehr. Sie würden freundlich miteinander reden, es ginge in verschiedenen Sprachen munter hin und her. Von Mißverständnissen zwischen einigen Schulen und Familien würde berichtet. Ein Lehrer würde sagen, daß hier Hausbesuche vorgesehen seien. Ein Lehrer mit Kontakten zu den Betrieben würde positive Ergebnisse der ausbildungsbegleitenden Fördermaßnahmen berichten.Er würde mitteilen, zum ersten Mal habe kein ausländischer Lehrling in diesem Jahr die Lehre abgebrochen. Der Beauftragte für außerschulische Aktivitäten an der Schule würde einen Bericht geben über Veranstaltungen in den kommenden zwei Monaten. In dem Heft »Ich habe ein Problem, wohin gehe ich« wären einige Ergänzungen einzutragen. Während des Gesprächs würde man Gelächter hören. Ein Beobachter hätte nicht den Eindruck, daß Erziehung von Kindern verschiedener Herfkunftskulturen in einem Land, in einer Schule nur Probleme aufwirft, sondern offensichtlich als Gewinn empfunden wird.« — Die konkrete Utopie in dieser fiktiven Schule ließe sich fortsetzen, aber dies genügt vermutlich zur Veranschaulichung. Als ich dies durchgelesen hatte, bei dem Versuch Bilanz zu ziehen, zweifelte ich, ob ich es zitieren sollte. Im Vergleich zu dem, was man träumt, ist das, was verwirklichbar ist, immer sehr wenig.

Dann habe ich verschiedene Berichte der RAA durchgelesen, mit einigen meiner Kollegen gesprochen und gefunden, daß die Utopie sich zwar nicht verwirklicht hat, aber daß sie immer noch eine reale Utopie ist. Es ist immer noch ein wichtiges und lohnendes Ziel, sich dieser Beschreibung zu nähern. Wenn wir in der RAA darüber nachdenken, was an einzelnen Schulen geschah, was einzelne Kollegen gemacht haben, was außerhalb der Schule sich an Initiativen an einzelnen Stellen mit der Schule verbunden hat, so können wir allerdings zeigen, daß diese Utopie nicht eine reine Illusion ist, daß dies nicht nur prinzipiell realisierbare Hoffnungen sind, sondern ein möglicher Weg. Die Bedingungen für die Überwindung von Schwierigkeiten herauszufinden, erscheint mir für die nächsten Jahre eine wichtige und lohnende Aufgabe. Ich wüßte keine lohnendere.

Zu einzelnen Elementen dessen, was ich hier sozusagen als Utopie gemalt habe: Interkulturelle Erziehung haben die RAA versucht anzuregen und zu intensivieren. Dazu gehören z.B. Aktionen deutscher und türkischer Kinder zum 23. April, dem türkischen Kinderfest, das Feiern der Feste kultureller Minderheiten, Stimulierung künstlerischer Anregungen u.a.

Die Förderung der deutschen Sprache ist ein Ziel der RAA gewesen, zu dem es viele einzelne hoffnungsvolle Aktivitäten gibt. Das gleiche gilt für die Überwindung von Schwierigkeiten, die bei den Übergängen von einem Bereich in den anderen entstehen: Von der Kinderzeit in die Grundschule, von dort hin in die weiterführenden Schulen.

Immer wieder wird versucht, die Eltern einzubeziehen. Wir haben mit Lehrern zusammen Hausbesuche gemacht, ausgehend von der Überlegung, daß die Bemühungen um eine persönliche Beziehung vorrangig sein müssen, und daß der Versuch, eine Art von Vertrauensbrücke zwischen der fremden Institution Schule und den Eltern zu bauen, wichtig ist.

Wir haben versucht, Beratungen für diejenigen Jugendlichen zu organisieren, die zu wenig Beratung erhalten haben, vor allem beim Übergang von der Schule in die Zeit der Berufsvorbereitung. Ein Merkmal dieses Übergangs ist ja, daß diese Zeit immer länger und unübersichtlicher wird. Ein Dschungel für manche, in dem sich zurechtzufinden sie schlecht vorbereitet sind. Wir haben versucht, etwas dafür zu tun, daß die Eltern dieser Jugendlichen ebenfalls beraten werden. Denn deren Verständnis und deren Fähigkeit oder Unfähigkeit zur Unterstützung ist für türkische Jugendliche meist viel wichtiger, als dies bei deutschen Jugendlichen der Fall ist.

Ob das, was man tut, sinnvoll und nützlich ist, hängt letzten Endes an Personen. Die Zahl der Menschen, die bereit sind, sich zu engagieren, ist klein und wird nur langsam größer. Und sie wächst auch nur dann, wenn man jeden einzelnen, der kommt und mitmachen will, mit anderen zusammenbringt und nicht alleine läßt. Wenn man nichts gibt, dann kann man auch nichts nehmen.

Die Basisstrategie der RAA war eigentlich zunächst, der Schule etwas zu geben und sie, soweit möglich, bei ihrer Aufgabe zu unterstützen, damit man dann auch Ansprüche stellen kann und seinerseits zusätzliche Förderungsbemühungen für die Ziele der RAA erbitten kann.

Mir scheint, dies ist gelungen, wir haben viele gefunden, die sich mit uns für unsere Ziele engagiert haben. Deutsche und türkische Lehrer, Sozialpädagogen, Eltern und andere.

Alles in allem kann man am Beispiel der RAA zeigen, daß das, was täglich getan wird, nicht nur ein Laufen in einer Tretmühle ist, sondern sich beschreiben läßt als Schritte auf einem Weg, der zu Zielen führt. Sehr kleine Schritte kann man sehen; merkwürdige Umwege und Rückschritte ausmachen, insgesamt ist doch eine Bewegung zu den angedeuteten Zielen festzustellen.

Wenn ich zurückblicke und die Frage beantworten sollte, welche Fehler man aus meiner Erfahrung vermeiden sollte, so sind es drei.

— Nicht auf kurzfristige Erfolge hin arbeiten. Sie erweisen sich oft als Bumerang.

— Nicht *für* Ausländer etwas tun wollen, sondern *mit* ihnen. Das gilt insbesondere für das Verhältnis deutscher Lehrer — türkischer Lehrer.

— Konkurrenz zu anderen möglichen Anbietern von Dienstleistungen und Beratungen vermeiden.

Es dürfte unnötig sein, im Rahmen dieser Veranstaltung daran zu erinnern, daß alles, was man pädagogisch/sozialpädagogisch will, politische Implikationen hat. Die ausländerpolitischen Randbedingungen können fördern oder hindern, was wir erreichen wollten. Dazu beizutragen, daß sie, wenn schon nicht fördern, so doch nicht hindern, ist ein Ziel unserer Tagung.

Dr. Faruk Şen

Der volkswirtschaftliche Stellenwert der Türken in der Bundesrepublik Deutschland

1. Migrationsgeschichte der Türken

Wenn man innerhalb der türkischen Gesellschaft auf das Feiern von Jubiläen Wert legen würde, so müßte man in diesem Jahr das Jubliläum des 25jährigen Aufenthalts von Türken in der Bundesrepublik Deutschland feiern. Von 1961 bis 1985 kamen ca. 3,5 Millionen in die Bundesrepublik Deutschland, von denen inzwischen über die Hälfte wieder in die Türkei zurückgekehrt sind. Seit Anfang der 80er Jahre findet eine Stabilisierung der Zahl der Türken statt, so daß im Herbst 1985 1,4 Millionen Türken in der Bundesrepublik Deutschland leben. Die türkische Minderheit existiert nunmehr seit 20 Jahren. Sie hat wie andere Ausländergruppen hier im Laufe der Jahre einen strukturellen Wandel erlebt. Zuerst sprach man von türkischen Gastarbeitern, dann nannte man sie ausländische Arbeitnehmer und seit der Familienzusammenführung ab 1974 schließlich ausländische Wohnbevölkerung oder ausländische Mitbürger. Wenn man aber im Jahre 1985 die Verweildauer, die sinkende Rückkehrabsicht und die Eingliederungsmotivation in der Bundesrepublik Deutschland analysiert, so wird man feststellen, daß trotz einer restriktiven Ausländerpolitik und einer türkenablehnenden Haltung die Bundesrepublik Deutschland inzwischen für die Mehrzahl der Türken zum Daueraufenthaltsland geworden ist. Aus diesem Grund kann man heute statt von einer türkischen Wohnbevölkerung von einer türkischen Minderheit in diesem Land sprechen.

Die Intention der Türken nach einem kurz- bis mittelfristigen Arbeitsaufenthalt in der Bundesrepublik Deutschland mit möglichst viel Kapital in die Heimat zurückzukehren und sich dort selbständig zu machen, hat während der 80er Jahre deutlich nachgelassen. Auch Geldüberweisungen in die Türkei finden nicht mehr in dem Umfang statt, wie in den 70er Jahren, da in vielen Fällen die Eltern, an die man die Gelder überwiesen hatte, nicht mehr leben, während andere Familienangehörige in den letzten Jahren in die Bundesrepublik Deutschland geholt wurden. Die Enttäuschung bei Investitionen im Heimatland wie bei den Arbeitnehmergesellschaften, die begleitet wird von einer rückläufigen Sparquote und einer Annäherung an die Konsumgewohnheiten der Deutschen, trägt ebenfalls zum Rückgang der Investitionsneigung bei.

Die neuen Entwicklungen lassen den volkswirtschaftlichen Stellenwert der Ausländer als Konsumenten, als Investoren und auch als Beitragszahler der Renten- und Arbeitslosenversicherung ansteigen. Im folgenden soll daher die Bedeutung der Ausländer für die deutsche Wirtschaft am Beispiel der Gruppe der Türken kurz dargestellt werden.

2. Türkische Wohnbevölkerung und die deutsche Wirtschaft

Innerhalb der 4,3 Millionen Ausländer in der Bundesrepublik Deutschland stellen die Türken mit 1,4 Millionen die größte Ausländergruppe dar, über deren Integration bzw. Reintegration am intensivsten nachgedacht wird. Mit ihren Überweisungen in ihr Heimatland tragen sie seit Jahren wesentlich zur Deckung des türkischen Außenhandelsdefizits bei. In letzter Zeit haben sie aufgrund ihres Konsums, ihres Sparvolumens und auch aufgrund ihrer Investitionen in der Bundesrepublik Deutschland an Bedeutung hier im Lande gewonnen. Die Türken erwerben heutzutage langlebige Konsumgüter, ändern so mit zunehmender Intention langfristig in der Bundesrepublik Deutschland zu bleiben auch ihre Konsum- und Wohngewohnheiten, so daß sie für diese Bereiche immer mehr Geld ausgeben. Seit 1980 ließ sich auch ein Interesse an der Anlage von Sparguthaben bei deutschen Banken feststellen.

Obwohl die türkischen Banken, insbesondere die türkische Zentralbank in Zusammenarbeit mit der Dresdner Bank seit Jahren wesentlich höhere Zinsen als deutsche Banken bezahlen, hatten 1981 lediglich 55,5 % der türkischen Arbeiter auch Gelder bei einer türkischen Bank in der Türkei angelegt. Welche Bedeutung diese Daten für die deutsche Wirtschaft haben wird deutlich, wenn man sich die Sparquote der türkischen Arbeitnehmer vor Augen hält. Anfang der 80er Jahre schätzt man das Gesamteinkommen aller Türken in der Bundesrepublik Deutschland auf ca. 15 Milliarden DM, wovon rund ein Drittel gespart wurde. 1986 wird diese Entwicklung mit Sicherheit eine andere Tendenz zeigen, da eine Abnahme sowohl bei den Gesamteinkommen als auch bezüglich des Sparvolumens zu erwarten ist, hervorgerufen durch die Rückkehr von ca. 450.000 Türken seit 1981 einerseits und durch eine wachsenden Konsumneigung andererseits.

3. Eine neue Unternehmergruppe innerhalb der deutschen Volkswirtschaft

Nachdem die Ausländer in der Vergangenheit seit Mitte der 50er Jahre lediglich als Arbeitnehmer in verschiedenen Industriebereichen einen Beitrag für die deutsche Wirtschaft geleistet haben, ist in jüngster Zeit darüber hinaus ihre Bedeutung als selbständige Unternehmer erkennbar geworden. Besonders seit 1982 steigt die Zahl der Anträge auf Genehmigung einer selbständigen Erwerbstätigkeit deutlich. Allein im Jahre 1983 wurden 9.373 Anträge bei den deutschen Industrie- und Handelskammern registriert. Besonders stark ist der Drang zur Selbständigkeit in Nordrhein-Westfalen vertreten.

Allein in der Stadt Essen wurden im Jahre 1984 191 Anträge für eine selbständige Erwerbstätigkeit gegenüber 130 Anträgen im Vorjahr gestellt. Nach den Griechen nehmen die Türken bei dem Bestreben nach Selbständigkeit den zweiten Platz ein. Den offiziellen Zahlen des deutschen Industrie- und Handelstages zufolge gab es 1983 lediglich 11.000 türkische Selbständige. Unter Berücksichtigung einer erheblichen Dunkelziffer (Gewerbeerlaubnis auf den Namen eines Deutschen) und der starken Zunahme in den letzten zwei Jahren schätzt man die Zahl der türkischen Selbständigen auf 22.000. Diese 22.000 türkischen Selbständigen in der Bundesrepublik Deutschland haben für die Schaffung von ca. 60.000 neuen Arbeitsplätzen gesorgt. Vom Lebensmittelgeschäft bis zur Videokassettenherstellung,

Tabelle 1:

Auswertung der Umfrage über Stellungnahmen der Industrie- und Handelskammern zu Anträgen von Ausländern aus Nicht-EG-Staaten vom 1.1.1983

	1980			1981			1982			1983		
	Gesamt	befür-	abge-	Gesamt	befür-	abge-	Gesamt	befür-	abge-	Gesamt	befür-	abge-
Baden-Württemberg	1434	779	649	1425	735	675	1468	744	702	1547	804	710
Bayern	912	629	283	898	604	263	1059	664	352	1184	752	390
Berlin	20	14	6	13	12	1	8	6	2	12	11	1
Bremen	71	27	44	53	21	32	50	11	39	28	8	20
Hamburg	454	293	161	391	237	154	410	234	176	420	243	177
Hessen	1403	900	503	1436	871	564	1462	849	612	1086	634	452
Niedersachsen	643	296	347	655	268	387	686	260	424	611	251	356
Nordrhein-Westfalen	3665	1931	1734	3187	1520	1581	3450	1624	1645	3802	2045	1632
Rheinland-Pfalz	320	196	124	319	166	153	323	146	174	340	164	176
Saarland	13	9	4	32	15	4	34	16	8	51	19	19
Schleswig-Holstein	155	105	50	204	116	88	216	104	112	256	135	121
Bundesrepublik Deutschland insg.:	**9090**	**5179**	**3905**	**8613**	**4565**	**3902**	**9166**	**4658**	**4246**	**9337**	**5066**	**4054**

Quelle: DIHT, Bonn 1985

von Wurstfabriken bis zur Textilindustrie haben sie in den verschiedensten Bereichen investiert. Es wird sicher nicht mehr lange dauern, bis sie auch zusätzliche Ausbildungsplätze für deutsche und ausländische Jugendliche zur Verfügung stellen werden.

Insgesamt läßt sich die Zahl der ausländischen Selbständigen auf annähernd 100.000 schätzen. Nach einer Untersuchung zur türkischen Ökonomie in Berlin geht die dortige IHK im Jahre 1984 von einer Beschäftigungsquote von 3,5 Personen pro Betrieb aus. In 2.500 bis 3.500 türkischen Betrieben in Berlin sind demnach 8.750 bis 12.250 Personen angestellt.

Tabelle 2:

Struktur der türkischen Betriebe in Berlin (West)
(Gewerbean- und abmeldungen 1981-1985*) absolut und prozentual

Wirtschaftsabteilung	Anmeldungen				Abmeldungen			
	Hauptbetrieb		Filiale		Hauptbetrieb		Filiale	
	abs.	%	abs.	%	abs.	%	abs.	%
Gewerbliche Gärtnerei und Tierhaltung	1	0,0	-	-	-	-	-	-
Verarbeitendes Gewerbe (Industrie)	8	0.0	-	-	3	0	-	-
Verarbeitendes Gewerbe (Handwerk)	422	11,8	48	18,32	194	9,0	30	17,9
Baugewerbe	38	1,0	-	-	16	0,8	-	-
Großhandel, Handelsvermittlg., Einzelhandel	1671	46,9	166	63,4	1110	51,7	109	64,9
Verkehr und Nachrichtenvermittlung	91	2,6	10	3,9	53	2,5	7	4,2
Kreditinstitute und Versicherungsgewerbe	47	1,3	3	1,1	21	1,0	1	0,6
Dienstleistungen	274	7,7	22	8,4	107	5,0	10	6,0
Gaststätten und Beherbergungsgewerbe	1012	28,4	13	5,0	643	3,0	11	6,6
insgesamt	3564	100,0	262	100	2147	100,0	168	100,0

Quelle: Statistisches Landesamt
*Hochrechnung aus: Unruh, Rita/Ersöz, Ahmet; Die türkische Ökonomie in Berlin, 2. Zwischenbericht o.J.

Interessante Daten konnten auch während der ersten Phase einer Untersuchung des Zentrums für Türkeistudien im Herbst 1985 in Essen, Duisburg, Düsseldorf, Dortmund und Mannheim ermittelt werden. Insgesamt wurden in diesen Städten 259 türkische Selbständige festgestellt. Allgemeine Einstiegsdaten zur Feststellung und Kontaktaufnahme mit den Adressaten der Untersuchung wurden durch Anfragen bei institutionellen Multiplikatoren d.h. bei den Industrie- und Handeslkammern der Städte, bei den Gewerbe- und Ordnungsämtern, bei Ausländerbehörden, bei den Geschäftsstellen der Ausländerbeiräten und bei den Sozialberatern für Ausländer erhoben. Auf diese Weise wurden 259 türkische Selbständige ermittelt. Der größte Teil der Selbständigen ist mit 105 Betrieben in der Lebensmittelbranche tätig. Es folgt der Bereich Restaurant und Imbiß mit 48 Selbständigen, 24 Export- und Importgeschäfte nehmen den dritten Rang ein, während die restlichen 82 Betriebe in einem breiten Spektrum von Wach- und Schließgesellschaften bis zur Produktion von Videokassetten tätig sind.

Tabelle 3:

Berufszweig	Total	Geschlecht		Zahl der Beschäftigten			Zahl der Familienangehörigen unter den Arbeitnehmern
		männl.	weibl.	Gesamt	männl.	weibl.	
Export/Import	24	23	1	44	38	16	16
Lebensmittel/ Metzgerei	105	88	17	186	105	81	64
Restaurant/ Imbiß	48	45	3	110	81	29	16
Sonstige	82	62	20	112	74	38	21
Σ	259	218	41	452	298	164	117

Wie sich aus der Tabelle ergibt, ist die Zahl der neugeschaffenen Arbeitsplätze mit 458 zwar relativ gering, bemerkenswert aber ist, daß es sich hierbei nicht um Arbeitsplätze für Familienangehörige handelt. Nur knapp jeder vierte Angestellte ist ein Familienangehöriger des Firmeninhabers.

Während dieser ersten Phase der Untersuchung wurden in Duisburg die meisten Selbständigen (89) festgestellt. Es folgt

Dortmund mit 60 türkischen Selbständigen. Eine weitere Untersuchung in Gelsenkirchen, durchgeführt von Prof. Dr. Hermann Korte, bewies auch dort die Tendenz einer zunehmenden selbständigen Erwerbstätigkeit der Ausländer. Das größte Problem bei der selbständigen Erwerbstätigkeit stellten die fehlenden Wirtschaftskenntnisse der Neuunternehmer dar. Die Untersuchung des Zentrums für Türkeistudien ergab, daß die Mehrzahl der türkischen Selbständigen nur wenig Erfahrungen im Bereich der Entwicklung von Marketingstrategien, von Marktanalyse und in der Erstellung von Feasibility-Studien haben.

Fehlende Wirschaftskenntnisse waren in vielen Fällen verantwortlich für einen Wechsel der Branche oder für den Konkurs des Unternehmens. Trotz dieser Schwierigkeiten nimmt die Zahl der türkischen Selbständigen ständig zu. Nicht nur im Land Nordrhein-Westfalen, wo sich Ausländer aus nicht der EG angehörenden Staaten unter Erfüllung bestimmter Voraussetzungen selbständig machen können, sondern auch in anderen Bundesländern steigt ihre Zahl ständig. Eine vorläufige Analyse der Angaben, welche die türkischen Selbständigen während der ersten Phase der Untersuchung des Zentrums für Türkeistudien bezüglich der Kundenstruktur gemacht haben, erlaubt die Feststellung, daß der Anteil der Deutschen an der Gesamtzahl der Kunden eine steigende Tendenz aufweist. Im Gegensatz zu den 60er und 70er Jahren, in denen sich die türkischen Selbständigen mit Reiseunternehmen für Gastarbeiterflüge oder Metzgereien fast ausschließlich an die türkischen Bewohner wandten, scheint sich ihre Zielgruppe und damit auch ihre Kundenstruktur heute zu wandeln.

So gaben in Düsseldorf ca. 62 % aller befragten Geschäftsleute an, daß mehr als ein Drittel der Kunden Deutsche seien. Auch in Mannheim gaben 45 % der Betriebe an, ihr Kundenstamm setze sich aus mehr als zu einem Drittel aus Deutschen zusammen.

Zusammenfassend läßt sich sagen, daß vor allem die Lebensmittelbranche und solche Unternehmen, die in dieser Untersuchung unter den verwendeten Oberbegriff »Sonstige« fallen, verstärkt deutsche Kunden ansprechen.

Interessant sind auch Bildungsstand und Alter der Selbständigen. Siehe Tab. 4.

Tabelle 4:

Selbständige/Gesamt

Berufs-	total	Altersstruktur					Geschlecht		Bildungsstand					Aufenthaltsdauer				
zweig		<25	25-35	36-40	41-45	>45	männl.	weibl.	Grund-	Haupt-	Mittelsch.	Abitur	Uni	<5	5-8	9-10	11-15	>15
E	24		6	3	7	4	23	1	3	1	7	6	3		2		4	17
L	105	5	18	13	34	21	83	17	53	10	7	10	3		7	3	32	56
R	48	1	4	5	17	11	41	3	22	2	4	5	2		3	1	9	24
S	82	5	16	16	22	19	62	15	24	4	14	23	5	4	7	3	24	36
Σ	259	11	44	37	80	55	209	36	102	17	32	44	13	4	19	7	69	133

Berufs-zweig	Familienstand led.	verh.	verw	Dauer der Selbstständigkeit 1-2	3-4	5-6	7-8	9-10	
E		22		6	1	4	5	1	4
L	14	89		48	7	15	8	7	11
R	9	34		17	3	5	6	2	2
S	8	74	1	31	12	9	9	3	9
Σ	31	219	1	102	23	33	28	13	26

E: Export/Import
L: Lebensmittel/Metzgerei
R: Restaurant/Imbiß
S: Sonstige
Σ: Summe
<: kleiner bzw. weniger
>: größer bzw. mehr

In Zukunft können diese Betriebe aus dreierlei Gründen sowohl für die Bundesrepublik Deutschland als auch für die Türkei an Bedeutung gewinnen. Zunächst schaffen die durch die Türken neueingerichteten Arbeitsplätze (ca. 60.000) eine gewisse, wenn auch geringe Entlastung des Arbeitsmarktes. In jüngster Zeit sucht man nach Möglichkeiten, durch eine Weiterbildung der Ausbilder in türkischen Betrieben zusätzliche Ausbildungsplätze anzubieten. In diesem Zusammenhang werden Modellversuche in Baden-Württemberg und Nordrhein-Westfalen durchgeführt.

Ein weiterer wichtiger Gesichtspunkt ist die Bedeutung der Investitionen ausländischer Selbständiger für die deutsche Volkswirtschaft. Die Ersparnisse der Türken, die bisher hauptsächlich zu Investitionen in der Türkei abflossen, bleiben zur Zeit in der Bundesrepublik Deutschland, so daß das ersparte Kapital der deutschen Volkswirtschaft zugute kommt. Für die Türkei macht diese Tendenz die Entwicklung neuer Strategien erforderlich. Seit 1980 gehen die Überweisungen der Türken in die Türkei zurück. Stattdessen hat man gegenwärtig eine große Zahl kleiner und mittlerer türkischer Unternehmer in der Bundesrepublik Deutschland. Da die Türkei großen Wert auf die Steigerung ihres Exports legt, muß darüber nachgedacht werden, auf welche Weise die Türkei über die türkischen Geschäftsleute und die 1,4 Millionen Türken in der Bundesrepublik Deutschland ihre Exporte in die Bundesrepublik Deutschland steigern kann.

Zahlreiche türkische Großhandelsunternehmen in der Bundesrepublik Deutschland beziehen ihre Waren — so z.B. Lebensmittel und Genußmittel — aus der Türkei. Eine Steigerung dieser Importe kann der Türkei langfristig die fehlenden Deviseneinnahmen aufgrund der rückläufigen Überweisungen ersetzen.

Auch in anderen Bereichen profitieren beide Staaten von der Selbständigkeit der Türken in der Bundesrepublik Deutschland. Gegenwärtig sorgen 5 Reiseveranstalter (Sonnen-Reisen, Delta, Sky-Tours, ATT-Turban und Aquarius), vornehmlich von Türken in der Bundesrepublik Deutschland gegründete Unternehmen, für eine Steigerung der deutschen Touristenzahlen in die Türkei.

Schließlich ist noch zu erwähnen, daß seit der am 25. Jan. 1985 verkündeten Liberalisierung der türkischen Wirtschaftspolitik mehr als 41 Unternehmen aus der Türkei in Niederlassungen in der Bundesrepublik Deutschland investiert haben.

4. Steigende Konsumausgaben

Mit abnehmender Rückkehrabsicht steigen seit 1980 die Konsumausgaben der türkischen Wohnbevölkerung. Diese Tendenz haben verschiedene Untersuchungen belegt. So haben Befragungen des Marplan-Instituts in Offenbach eine steigende Nachfrage unter Türken nach langlebigen Konsumgütern während der 80er Jahre gezeigt. Besonders stark ist die Nachfrage nach Haushaltsgeräten wie Kühlschränken, Waschmaschinen, Fernsehgeräten und Video-Rekordern. Bei einer Befragung des Zentrums für Türkeistudien unter 647 Türken in der Bundesrepublik Deutschland im März 1986 konnte ermittelt werden, daß ca. 61% der Türken einen Video-Rekorder besitzen. Mit abnehmender Sparquote steigen die Konsumausgaben der Türken in der Bundesrepublik Deutschland, die sich mit ihren Konsumneigungen den Konsumgewohnheiten der Deutschen angleichen. Diese Entwicklung konnte sowohl bei der Repräsentativuntersuchung im Jahre 1980, durchgeführt durch die Friedrich Ebert Stiftung, als auch während der bundesweiten Repräsentativuntersuchung 1985 — wieder von dem gleichen Institut durchgeführt — festgestellt werden.

Nach der jüngsten Repräsentativuntersuchung sank die Zahl der sparenden ausländischen Arbeitnehmer von 1980 bis 1985 um 17 %. Auch die Höhe der monatlichen Ersparnisse hat abgenommen. Nach einer Untersuchung von Dieter Gyruzek entwickeln besonders seit Anfang der 80er Jahre zahlreiche deutsche Hersteller und Versandhäuser spezielle Marketingstrategien bezüglich der türkischen Wohnbevölkerung. Eine Anzeigenanalyse der in der Bundesrepublik Deutschland erscheinenden türkischen Tageszeitungen bestätigt diese Entwicklung. In jüngster Zeit nehmen nicht nur türkische Unternehmer, sondern auch deutsche Firmen verstärkt die Anzeigenteile der türkischen Tagespresse in Anspruch. Eine interessante Entwicklung ist auch im Bereich der Wurfzeitungen zu beobachten. Bundesweit werden 12 regionale Wurfzeitungen in türkischer Sprache als Anzeigenblätter entwickelt, die gezielt Türken als Konsumenten ansprechen sollen.

5. Bausparverträge

Seit die türkische Wohnbevölkerung die Intention zeigt, langfristig hierzubleiben, legen türkische Arbeitnehmer ihre Ersparnisse auch in Bausparverträgen an. Die Zahl der Bausparverträge stieg parallel zu einer zunehmenden Verbleibeabsicht rasch an. Ende 1985 gab es 130.000 von Türken abgeschlossene Bausparverträge, mit einem Sparvolumen von 4 Milliarden DM. Die Motivation zum Erwerb von Wohneigentum liegt nach einer Untersuchung der Stiftung für Zukunftsgestaltung in der Schweiz, durchgeführt für die Landesregierung Nordrhein-Westfalen, vor allem in der Unzufriedenheit mit zu kleinen Wohnungen, in denen Türken hier leben. Man will unabhängig sein und durch den Erwerb von Grundbesitz den hohen Mieten entgehen. In einigen Regionen werden auch Mehr-Familienhäuser als Investitionsobjekte erworben. Nach einer Analyse von Anzeigen der vier hier erscheinenden türkischen Tageszeitungen werden das türkische Vertriebsnetz und die Namen der Mitarbeiter besonders hervorgehoben. Verschiedene Import- und Exportgeschäfte und Dolmetscher-Büros erwähnen in Anzeigen, daß sie auch Bausparverträge vermitteln. Schwäbisch-Hall und Wüstenrot sind die Bausparkassen mit den meisten Anzeigen. 18 Bausparkassen haben inzwischen bundesweit speziell ein auf Türken abgestimmtes Filialnetz. Auch anhand der letzten bundesweiten Repräsentativuntersuchung von 1985 wurde ermittelt, daß der Erwerb von Immobilien heute ein wichtiges Sparziel der ausländischen Arbeitnehmer, insbesondere der Türken, ist. Im Rahmen dieser Befragung gaben von den sparenden Personen 23,6% an, einen Bausparvertrag abgeschlossen zu haben. Setzt man diese Zahl in Relation zu der Zahl aller ausländischen Arbeitnehmer, so ergibt sich ein Prozentsatz von 12%. Bei den Türken sind es 25,4%, die ihr Geld bei Bausparkassen anlegten.

Resümee

Zusammenfassend ist festzustellen, daß die Türken durch selbständige Erwerbstätigkeit, durch steigende Konsumausgaben, durch den zunehmenden Abschluß von Bausparverträgen und auch durch ihre Zahlungen an die Renten-, Sozial- und Arbeitslosenversicherungen in den letzten 25 Jahren für die Bundesrepublik Deutschland volkwirtschaftlich von erheblicher Bedeutung waren.

In der zweiten Hälfte der 80er Jahre wird man volkswirtschaftlich neue interessante Entwicklungen feststellen können.

Literaturhinweise

DIHT (Hrsg.): Auswertung der Umfrage über Stellungnahmen der Industrie- und Handelskammern zu Anträgen von Ausländern aus Nicht-EG-Staaten vom 1.1.1981 bis zum 31.12.1983, Bonn, 1985.

Gyurcsek, D.: Marketing für Minoritäten am Beispiel türkischer Arbeitnehmer und ihrer Familien in der Bundesrepublik Deutschland (unveröffentlichte Diplomarbeit), Dortmund, 1982.

Korte, H.: Ausländische Selbständige in der Bundesrepublik Deutschland — Pilotstudie im Auftrag des Instituts für Arbeitsmarkt- und Berufsforschung, Bochum, 1985.

König, P./Schultze, G./Wessel, R.: Situation der ausländischen Arbeitnehmer und ihrer Familienangehörigen in der Bundesrepublik Deutschland — Repräsentativuntersuchung 85, Bonn, 1986.

Stiftung für Zukunftsgestaltung (Hrsg): Probleme der Ausländer bei der Bildung von Wohneigentum in Nordrhein-Westfalen, Alkschwill, 1985.

Şen, F.: Ansätze der wirtschaftlichen und politischen Integration bei der türkischen Wohnbevölkerung in Deutschland, S. 313-318 in: Brandt, H.-J., Haase, C.-P. (Hrsg.): Begegnung mit Türken/Begegnung mit dem Islam, Bd. IV/84, Hamburg, 1984.

Şen, F.: Zur wirtschaftlichen Integration türkischer Arbeitnehmer in der Bundesrepublik Deutschland, S. 179-188 in ZAR 4/1981, Baden-Baden 1982.

Şen, F.: Hauserwerb und Bausparverhalten der türkischen Wohnbevölkerung und der Stellenwert der türkischen Massenmedien in der Bundesrepublik Deutschland, Duisburg 1985.

Unruh, R./Ersöz.A.: Die türkische Ökonomie in Berlin. 2. Zwischenbericht o.J. o.D.

Werner Meys

Stadt Essen — Die Eingliederung von Türken am Beispiel einer Stadt

Zu Beginn möchte ich einige Bemerkungen zum Thema meines Referates machen. Der Begriff »Eingliederung von Türken« hat für mich einen faden Beigeschmack. Diese »Verdeutschung« des Begriffes »Integration« ist damit nicht gelungen. Anpassung — Aufgabe kultureller Identität — fallen mir weiter ein, und ich bin sehr froh, daß wir den Begriff »INTEGRATION« verwenden und diese Definition nahezu verinnerlicht haben.

»Integration ist das gute und harmonische Zusammenleben in der Nachbarschaft« in Anlehnung an den Ausländerbericht des Landes NRW.

Am Beispiel

— des neu aufgelegten Handlungsprogrammes zur Integration ausländischer Arbeitnehmer und ihrer Familienangehörigen
— des Gemeinwesenzentrums Emscherschule
— des Stadtteilprojektes Katernberg Beisen und nicht zuletzt
— des Ausländerbeirates

will ich aufzeigen, wie eine Stadt mit der vorhin genannten Definition von Integration umgeht und handelt.

Als Einstieg zu diesen Themenkreisen einige Zahlen:

Am 1.1.1985 lebten in Essen, der fünftgrößten Stadt der BRD mit 627 283 Einwohnern, 35 001 ausländische Mitbürger. Das sind rund 5,6% der Gesamtbevölkerung. Die größte Gruppe stellen die türkischen Mitbewohner mit 11 906 Personen. Das sind 1,89% der Gesamtbevölkerung, aber 34,02% aller ausländischen Mitbürger. Keine »dramatische« Zahl, wenn ich überhaupt von Dramatik bei Prozentsätzen von ausländischen Mitbürgern reden soll. Im Vergleich zu anderen Ruhrgebietsstädten bewegen wir uns »am Ende der Fahnenstange«.

Ein differenzierteres Bild ergibt dagegen die Untersuchung der Stadtteile bezogen auf die türkische Wohnbevölkerung.

(s. Anlage 1)

Zusammengefaßt: In fünf Stadtteilen, vornehmlich des Essener Nordens (50 Stadtteile hat Essen insgesamt), wohnen mehr als die Hälfte aller türkischen Mitbürger.

Verständlich, daß der Schwerpunkt städtischen Engagements in der Ausländerarbeit auch in diesen fünf Stadtteilen liegt.

Mein erstes Stichwort: Das Essener Handlungsprogramm zur Integration ausländischer Arbeitnehmer und ihrer Familienangehörigen

Vor 8 Monaten hat die Essener Stadtverwaltung ein umfangreiches Handlungsprogramm vorgelegt, das nicht nur viel wiegt (400 Seiten eng bedrucktes Papier) sondern Rat und Verwaltung verpflichten soll, in Zukunft »viel Geld« zu geben, bei knapper werdenden Finanzen der Gemeinden.

Dieses Programm, aufgeteilt in die 12 Kapitel: Rechtsstellung, Stellung im Wirtschaftsleben, Wohnsituation, soziale Betreuung und Beratung, Gesundheitshilfe und Vorsorge, Weiterbildung, Kindergärten und Kindertagesstätten, Schule, Außerschulische Kinder- und Jugendarbeit, Kultur und Sport, Öffentlichkeitsarbeit, Mitwirkung an kommunalen Entscheidungsprozessen — befindet sich zur Zeit in der Beratung in den politischen Gremien. Und ich kann jetzt schon sagen: Durch die Beratung entstehen neue Forderungen. Gleichzeitig ist aber deutlich geworden, daß sich solche Programme schnell überholen.

Seit dem Beginn der Arbeiten vor 2 Jahren sind viele Punkte bereits erledigt. Ein Beispiel von vielen: Da steht im Programm »Alle Ausländer sollen im Interesse ihrer Aufenthaltssicherung von Amts wegen auf die Möglichkeit der Verfestigung ihres Aufenthaltsstatus nach fünf — bzw. achtjährigem Aufenthalt hingewiesen werden.« Dazu hat das Ausländeramt seit Anfang 1985 eine gezielte Aktion (»Tips und Hilfen für Ausländer«) über die Verfestigung des Aufenthaltsstatus durchgeführt.

Ergebnis:

— Die Zahl der Aufenthaltsberechtigungen ist im letzten Jahr mehr als verdoppelt worden (von 1.503 am 1.10.84 auf 3.250 am 31.10.85)

— Der Verfestigungsquotient der in Essen lebenden Ausländer (Verhältnis der Ausländer, die eine unbefristete Aufenthaltserlaubnis bzw. Aufenthaltsberechtigung haben gegenüber der Gesamtzahl der ausländischen Mitbürger) konnte inzwischen auf über 70% gesteigert werden. Zum Vergleich: Der Verfestigungsquotient im Bundesgebiet liegt bei rund 30%!

Und an dieser Stelle vielleicht ein Beispiel für eine noch nicht verwirklichte Forderung: »Einrichtung einer Beratungsstelle für die wirtschaftliche Integration ausländischer Arbeitnehmer«

Die Einrichtung einer solchen Stelle

— hätte, zumal »sie in der fünftgrößten« Stadt der Bundesrepublik erfolgte, eine gewisse Signalwirkung. Ein Rest von liberaler Ausländerpolitik hätte in einem einst von Minderheitenhaß katastrophal geprägten Land doch noch eine Chance
— käme vielen ausländischen Mitbürgern angesichts ihrer spezifischen z.B. sprachlichen- oder Qualifizierungsprobleme unmittelbar zugute
— würde auf lange Sicht zur Erneuerung des gesamten Essener Wirtschaftsraumes beitragen.

Ich füge hinzu: Diese Beratungsstelle ist unsere Antwort auf Rückkehrberatungsstellen, wie sie z.B. in Ulm existieren.

Zum zweiten Stichwort: Gemeinwesenzentrum Emscherschule

(s. Anlage 2)

Schon der Name gibt Auskunft über den Anspruch an diese Einrichtung. Daß darüberhinaus Gemeinwesenarbeit in einem Stadtteil mit einem hohen Ausländeranteil wie Altenessen geleistet wird, ist nur konsequent.

Arbeit mit und für ausländische Mitbürger in einem Stadtteil wird dort nicht isoliert betrachtet. Die ausländischen Mitbürger werden in einer aktivierenden Gemeinwesenarbeit als eine Zielgruppe gesehen. Kinder, Jugendliche, Arbeitslose, Alleinerziehende sind weitere Gruppen, die in diesem Zentrum »Heimat« gefunden haben.

Das Gemeinwesenzentrum Emscherschule umfaßt die Funktionen
— Kindertagesstätte
— Gesundheitsvorsorge
— Sport
— Erwachsenenarbeit
— Jugendfreizeitstätte
— Erziehungsberatung.

Daß die Koordination und Erwachsenenarbeit von zwei türkischen Mitarbeitern geleistet wird, soll nur am Rande erwähnt werden.

Zum dritten Stichwort: Stadtteilprojekt Katernberg-Beisen

Darüber rede ich natürlich besonders gerne, weil ich dort wohne und mich wohlfühle in einem Stadtteil, in dem Nachbarschaft noch zählt, in dem es 19% ausländische Mitbürger gibt (der höchste Anteil in Essen) und der immer noch vom Bergbau geprägt ist.

Als am 19.6.83 der Rat der Stadt einen Kooperationsrahmenvertrag zwischen der Stadt Essen, der Universität Essen und der Arbeiterwohlfahrt für ein integriertes Arbeitsmodell zur stadtteilorientierten sozialen Arbeit beschloß, war dies das Ergebnis eines langen Diskussionsprozesses zwischen den Bürgern vor Ort unter dem Stichwort »Integration in der Nachbarschaft«.

Die stadtteilorientierte soziale Arbeit wird von der Universität und der AWO mit der Projektgruppe Beisen getragen. Die Stadt gibt dabei organisatorische und fachliche Unterstützung durch die Dienststellen des Jugend- und Sozialamtes unter Federführung des Amtes für Entwicklungsplanung. Die Projektgruppe Beisen besteht gegenwärtig aus 20 Studenten der Sozialarbeit, Sozialpädagogik oder Erziehungswissenschaft und einem Hochschullehrer, sowie zwei Diplompädagogen, die von der Arbeiterwohlfahrt für die Projektarbeit eingestellt worden sind.

Die Arbeit der Projektgruppe und die von der Projektgruppe unterstützte Eigeninitiative von Beisenern haben bereits zu einer Vielzahl von Ergebnissen geführt:

— zwei Stadtteilfeste wurden von der Projektgruppe und Beisener Bürgern mit städtischer Beteiligung veranstaltet.
— Es bildeten sich Gruppierungen von Bewohnern, die sich um die Verbesserung der Verkehrsverbindungen, um Kontakte zwischen Deutschen und Türken und die Verbesserung der Spielmöglichkeiten für Kinder bemühten.
— Spielnachmittage mit deutschen und türkischen Kindern wurden durchgeführt und Schulaufgabenhilfe organisiert.
— Türkische Jugendliche gründeten eine Fußballmannschaft und Jugenliche beider Nationalitäten richteten eine Fahrradwerkstatt ein.
— Alte Einwohner begannen die Geschichte Beisens aufzuschreiben, eine Tauschbörse für Gebrauchsgegenstände wurde ins Leben gerufen und eine Informationsbroschüre »Wer — Wo — Was im Beisen« erstellt.
— Die hauptberuflich für Beisen im sozialen und pädagogischen Bereich tätigen Personen treffen sich regelmäßig zum Erfahrungsaustausch.
— Ein Holzhaus dient als Treffpunkt und Beratungsort.

Und als quasi »Abfallprodukt« hat der NRW-Minister Zöpel für ein groß angelegtes Wohnumfeldverbesserungspogramm 10,5 Mio DM zur Verfügung gestellt.

Durch das vorher gestartete Stadtteilprojekt wird dabei zudem eine andere Qualität der Bürgerbeteiligung erzielt.

Sie mögen jetzt langsam fragen : Warum legt der Vorsitzende des Ausländerbeirates der Stadt Essen soviel Wert auf dieses Projekt?

Das kann ich Ihnen beantworten und mit einer kleinen Kritik an dieser Tagung verbinden.

Ich glaube, daß die stadtteilorientierte soziale Arbeit oder auch Gemeinwesenarbeit langfristig die auf die alleinige Zielgruppe »ausländische Mitbürger« angelegte Arbeit ersetzen wird. Wir müssen raus aus unserem Elfenbeinturm, der uns abkapselt gegenüber anderen Feldern der sozialen Arbeit.

Und es ist ja schon verblüffend — oder auch nicht — daß gerade die RAA, deren Fortbestand hoffentlich endgültig gesichert ist, für ein Konzept von Nachbarschaftsschulen plädiert.

Leider fehlen solche Ansätze zur Integration bei Ablauf dieser

Tagung.

Bevor ich mich dem städtischen Ausländerbeirat zuwende, will ich noch hinzufügen, daß wir in Essen noch einen Schritt weiter gegangen sind.

Am Freitag, den 20.12.85 unterzeichnen der Oberstadtdirektor und der Rektor der Gesamthochschule Essen einen weiteren Kooperationsvertrag, der ein in der Bundesrepublik wohl einzigartiges Institut zur Folge haben wird, dessen wesentliche Aufgaben die Anlage 3 zeigt.

(s. Anlage 3)

Zum 4. Stichwort: Der Essener Ausländerbeirat

Mitwirkung an kommunalen Entscheidungsprozessen — ein Thema, was leider schon gestern abgehandelt wurde — ist in Essen nicht in Gänze verwirklicht, obwohl wir das vielerorts als scheindemokratisch titulierte Organ — den Ausländerbeirat — schätzen gelernt haben und ein bißchen stolz auf unsere gemeinsamen Erfolge sind.

(Zusammensetzung s. Anlage 4)

Diese hochmütig als Stolz bezeichnete Einschätzung hat drei Gründe:

1. Der Essener Ausländerbeirat hat sich Rechte erkämpft, die weit über die Regelungen der Gemeindeordnung für das Land Nordrhein-Westfalen hinausgehen.
2. Die Informations- und Beratungstätigkeit ist erstmalig zu einer Aufgabe des Ausländerbeirates geworden und umfaßt mittlerweile viele Städte des Ruhrgebietes.
3. Der Ausländerbeirat ist zu einem Gremium mit politischem Gewicht geworden.

Dabei will ich hinzufügen, daß wir

— ein kommunales Wahlrecht, auch unabhängig von anderslautenden Beschlüssen einzelner Parteien, als deutsche und ausländische Mitglieder bisher nicht durchsetzen konnten, aber für notwendig ansehen

— eine Urwahl der ausländischen Mitglieder schon lange fordern und diskutieren, aber noch nicht abschließend erörtert haben. Vielleicht klappt es heute abend, bei der regulären Sitzung des Ausländerbeirates, an der Sie vielleicht teilnehmen können.

Zu den Rechten des Ausländerbeirates

In der Ordnung des Ausländerbeirates ist festgelegt, daß, immer vor einer Entscheidung des Rates, der Verwaltung oder der Ausschüsse, der Ausländerbeirat zu hören ist. Das gilt nicht nur für allgemein politische Themen, wie Haushalt, Handlungsprogramm und schulische Betreuung, sondern auch für Stadtteilplanungen. So gehört es mittlerweile zur normalen Tagesordnung, daß aus einem Stadtteil mit hohem Ausländeranteil die Planung etwa eines Kinderspielplatzes vorgestellt und beraten wird.

Der Ausländerbeirat hat darüberhinaus eigene Mittel für die Unterstützung ausländischer Vereine und auch für andere Maßnahmen. Als äußeres Zeichen werden bei den Haushaltsberatungen alle Mittel für ausländischen Mitbürger in einer besonderen Vorlage ausgewiesen und natürlich beraten.

Eine weitere Entscheidung ist nach der Kommunalwahl hinzugekommen. Aus der Mitte des Ausländerbeirates werden sachkundige Einwohner in die Ratsausschüsse Soziales, Schule, Kultur und Jugendwohlfahrt entsandt.

Daß diese Rechte nicht allseits akzeptiert werden, will ich nicht verschweigen. Auch die Verwaltung muß lernen, und aus diesem Grunde hat z.B. mein Stellvertreter, Ahmet Aktaş, heute morgen an einer Fortbildungsveranstaltung für städtische Mitarbeiter teilgenommen, bei der nochmals auf die Anhörungsrechte hingewiesen werden soll.

Zu der Informations- und Beratungstätigkeit des Ausländerbeirates.

Drei Informationsdienste wurden in den letzten 2 Jahren aufgebaut:

— Ein Videomagazin für ausländische Mitbürger (3 x pro Jahr)
— Ein Info-Dienst für Multiplikatoren (monatlich)

— Informationen zu Schwerpunktthemen wie Aufenthaltsrecht, Zuschußrichtlinien für ausländische Vereine, Bezug von Sozialhilfe unter dem Thema: Der Ausländerbeirat informiert

Darüberhinaus haben wir in der letzten Zeit dreimal alle Ausländerbeiräte des Ruhrgebietes zu einem Informationsaustausch eingeladen. Daß dabei eine Resolution an den Innenminister verabschiedet wurde, sei nur am Rande erwähnt.

Zum politischen Gewicht des Ausländerbeirates.

Können Sie sich eine Stadt vorstellen, in der

— Mitglieder des Ausländerbeirates in die Fraktionen eingeladen werden, um ihre Vorstellungen für ein Handlungsprogramm vorzutragen, denen dann auch noch gefolgt wird,
— der Amtsleiter des Ausländeramtes vom Ausländerbeirat gelobt wird,
— der Oberbürgermeister sich für eine Veröffentlichung in einer halboffiziellen Zeitschrift beim Ausländerbeirat entschuldigt und ihn bittet, eine geharnischte Stellungnahme in der gleichen Zeitschrift vorzunehmen,
— Mitglieder des Ausländerbeirates in einer verwaltungsinternen Arbeitsgruppe mitarbeiten,
— Mitglieder des Ausländerbeirates ihre neue Ordnung oder Satzung selbst bestimmen.

Einige Beispiele für viele, die aber vor allem Auskunft über das politische Gewicht des Ausländerbeirates der Stadt Essen geben.

Deshalb ist es vielleicht verständlich, daß der Wunsch der ausländischen Mitglieder nach einer Urwahl mit all den möglichen Risiken nicht massiv formuliert wird.

In diesem Zusammenhang — Urwahl — wird mir klar, daß ich relativ wenig über unsere türkischen Mitbürger gesagt habe. Der Zusammenhang an dieser Stelle ist deshalb vorhanden, weil gerade politisch fortschrittliche türkische Mitbürger in den Ausländerbeiräten bei stattgefundenen Vorwahlen »abgewählt« wurden. Es mag sein, daß ich jetzt in das sogenannte »Fettnäpfchen« trete, aber ich weiß, daß politische Parteien in den Räten sich massiv engagieren müssen, d.h. auch finanziell und organisatorisch, damit es auch zukünftig fortschrittliche, gewerkschaftliche Kräfte bei den türkischen Mitgliedern in den Ausländerbeiräten gibt. Die Möglichkeit einer internationalen Listenwahl konnte diese Tendenz noch verstärken.

Soweit zum Ausländerbeirat.

Zwei Schlußbemerkungen:

1. Ich habe relativ wenig Konkretes über die Integration von türkischen Mitbürgern gesagt; das hat seinen Grund. Wir versuchen bewußt, alle ausländischen Mitbürger in unsere Integrationsbemühungen einzubeziehen. Wie die von mir genannten Beispiele aber belegen, sind dabei auch oder vor allem türkische Mitbürger in den Stadtteilen betroffen.
2. Ich will nicht den Eindruck erwecken, als ob die Stadt Essen keine Probleme bei der Integration ihrer türkischen Mitbürger hat oder, anders ausgedrückt, die deutsche Bevölkerung keine Schwierigkeiten macht.

   Ich glaube vielmehr, daß ein breiter politischer Konsens im Rat dazu führt, daß man auf Anregungen aus der ausländischen Bevölkerung hört, die Probleme angeht und jeder ausländerfeindlichen Tendenz auch öffentlich einen Riegel vorschiebt.

   Die Stadt Essen ist im Prinzip ein »Dorf« im positiven Sinne. Viele in der Ausländerarbeit Tätigen sind mittlerweile Freunde geworden. Nicht weil wir so oft zusammensitzen, sondern weil wir auf der gleichen Wellenlänge segeln.

   Ich wünschte mir, daß dies in jeder Stadt der Fall wäre.

Anlage 1

Stadtteile mit den höchsten %-Anteilen ausländischer Einwohner				
Stadtteil Nr.	Stadtteile Bezeichnung	Gesamt Einwohner	Davon Ausländer	% Anteil
04	Westviertel	1 820	279	15,33
01	Stadtkern	3 625	529	14,59
50	Vogelheim	6 599	891	13,50
24	Altenessen-Nord	17 239	2 149	12,47
03	Nordviertel	8 068	972	12,05
39	Katernberg	24 096	2 816	11,69
40	Karnap	7 890	891	11,29
02	Ostviertel	7 073	746	10,55
12	Rellinghausen	4 094	390	9,53
07	Altendorf	23 265	1 985	8,42
06	Südostviertel	13 119	1 016	7,74
35	Kray	22 146	1 664	7,51
34	Steele	18 380	1 322	7,19
08	Frohnhausen	36 854	1 822	7,00
25	Altenessen-Süd	26 034	1 822	7,00
32	Kupferdreh	11 528	760	6,59

Stadtteile mit den höchsten absoluten Zahlen ausländischer Einwohner			
Stadtteil Nr.	Stadtteile Bezeichnung	Gesamt Einwohner	Davon Ausländer
39	Katernberg	24 096	2 816
08	Frohnhausen	37 854	2 583
24	Altenessen-Nord	17 239	
07	Altendorf	23 034	1 822
25	Altenessen-Süd	26 034	1 822
35	Kray	22 146	1 664
09	Holsterhausen	30 147	1 374
34	Steele	18 380	1 322
10	Rüttenscheid	31 795	1 299
06	Südostviertel	31 119	1 016
03	Nordviertel	8 068	972
22	Bochold	19 960	921
40	Karnap	7 890	891
50	Vogelheim	6 599	891
38	Stoppenberg	16 056	789
49	Kettwig	19 633	874

Stadtdurchschnitt = 5,6 % Ausländeranteil

Quelle: Amt für Statistik und Wahlen
Stand: 31.12.1983

Anlage 2

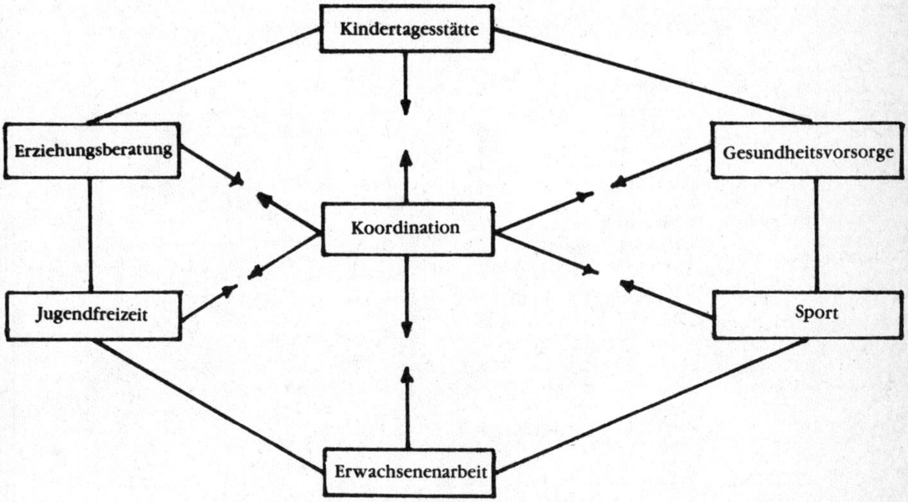

Gemeinwesenzentrum Altenessen-Nord

Anlage 3

Zur Organisation des Trägerverbundes

A. Kooperationsrahmen

STADT ESSEN

Beteiligte Ämter:

Jugendamt, (Jugendpflege,
Allgemeiner Sozialdienst)
Sozialamt
Amt für Entwicklungsplanung
Hauptamt

finanziert →

UNIVERSITÄT GHS ESSEN

Instiutut für Stadtteilbezogene
Soziale Arbeit (ISSAB)

Prof. Dr. W. Hinte
Prof. Dr. G. Metzger-Pregizer
Prof. Dr. W. Springer

50 Studenten
4 wissenschaftliche/studentische Hilfskräfte

---

2 Diplom-Pädagogen
1 Sozialarbeiter
1 Sekretärin

AUFGABEN:

1. Verbesserung der wissenschaftlichen und praktischen Ausbildung, d.h. der beruflichen Handlungskompetenz der Studierenden
2. Erweiterung analytischer und handlungsleitender sozialwissenschaftlicher Theoriebestände, insbesondere in den Bereichen Theorien und Methoden der Sozialarbeit, Sozialpädagogik und Empirische Sozialforschung
3. Implementation/Transfer in Arbeitsfelder kommunaler und freier Träger der sozialen Arbeit in der Region
4. Entwicklung von Angeboten zur Weiterbildung und Vertiefung der Handlungskompetenz der in den kooperierenden Institutionen arbeitenden Praktiker
5. Dokumentation von Projekten und Analysen im Bereich stadtteilbezogener sozialer Arbeit und Beratung

B. Bisherige Einzelprojektverträge

1. Projekt: »Stadtteilbezogene soziale Arbeit in Essen-Steele-Hörsterfeld« (Laufzeit: seit 1.1.1981) Uni Essen — Stadt Essen — Arbeiterwohlfahrt	2. Projekt: »Stadtteilbezogene soziale Arbeit in Essen-Katernberg-Beisen« (Laufzeit: seit 1.7.83) Uni Essen — Stadt Essen — Arbeiterwohlfahrt
Ressourcen aus dem Koop.-Rahmen: — 1 Sozialpädagoge — 25 Studenten — 2 Hilfskräfte — Hilfsarbeiter aus den beteiligten Fachämtern	Ressourcen aus dem Koop-Rahmen: — 2 Diplom-Pädagogen — 25 Studenten — 2 Hilfskräfte — Mitarbeiter aus den beteiligten Fachämtern
Arbeiterwohlfahrt Essen: — Trägerschaft des Bürgerladens — Weiterbildungsmittel	Arbeiterwohlfahrt Essen: — Trägerschaft »Holzhaus« — Weiterbildungsmittel — ABM-Stellen
Bewohnergruppen (Stand: 11/85) Sozialhilfegruppe Mutter-Kind-Gruppe Sommergärtnerei offener Treff Nachbarschaftswerk Spielplatzaktion Kindertheatergruppe Frauengruppe Stadtteilzeitung »Tröte« Hausaufgabentreff	Bewohnergruppen (Stand: 11/83) Gruppe zur Vorbereitung des Stadtteilfests Aktivistenkreis Gruppe zum Bau eines Feuchtbiotops Geschichtskreis Beisen Beisen-Basar deut.-türk. Kindergruppe deut.-türk. Kinderspielkreis deut.-türk. Jugendgruppe »The Team« deut.-türk. Fußballgruppe »Barispor« offener Café-Treff

Die Gruppierungen in den Projekten sind einer oder mehreren der folgenden Dimensionen zugeordnet: Arbeit — Erziehung/Bildung — Gesundheit — Nachbarschaft — Verkehr — materielle Hilfen — Freizeit — Wohnen — Kultur

Anlage 4

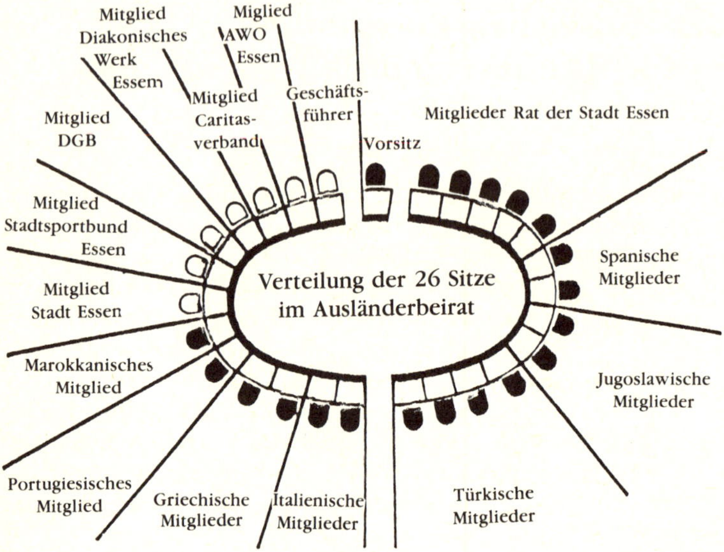

Neuverteilung der 26 Sitze im Ausländerbeirat der 4. Amtsperiode.

Dr. Lutz Hoffmann

Die politische Partizipation der türkischen Einwohner in der Bundesrepublik Deutschland

Die Frage nach der politischen Partizipation der Türken in der Bundesrepublik Deutschland ist geeignet, von vornherein Mißverständnisse zu erzeugen. Sie könnte den Eindruck erwecken, als ginge es um ein spezifisches Defizit an politischer Partizipation, das den Türken im Unterschied zu den Deutschen eigentümlich ist. Für Deutsche wäre dann politische Partizipation eine durchaus selbstverständliche und eindeutige Praxis. Es bleibt nur das Problem, wie auch die Türken an dieser Praxis teilnehmen können. Dabei schwingt die Vorstellung mit, als wäre es auch mit allen sonstigen Unterschieden zwischen Deutschen und Türken zu Ende, wenn diese nur politisch partizipieren könnten.

Dabei ist Partizipation schon für die Deutschen eine höchst differenzierte Angelegenheit. Problemlos partizipieren eigentlich nur die, denen das herrschende politische System den Eindruck vermitteln kann, ihre Interessen zu vertreten. Für diese ist politische Partizipation die beiläufige Akklamation, durch die sie dem politischen System die Übereinstimmung der Interessen bestätigen[1]. Die Minderheiten, Vernachlässigten und Schwachen der Gesellschaft aber haben — wenn sie sich ihrer Lage bewußt werden — nur die Wahl zwischen zwei politischen Haltungen, die beide auf ihre Weise als problematisch empfunden werde. Entweder neigen sie zur Apathie, weil sie gegen die herrschenden Verhältnisse nicht aufzukommen glaube. Dann handeln sic sich den Vorwurf mangelnder politischer Partizipation ein. Oder sie versuchen, engagiert auf die etablierte Politik einzuwirken. Dann beklagen sich die Politiker über ein Zuviel an politischer Partizipation[2].

Die Unterscheidung zwischen Mehrheit und Minderheit ist nicht für alle Fälle festgeschrieben. Auch Teile der politischen akklamierenden Mehrheit können in Einzelfragen über Nacht zur Minderheit werden, wenn z.B. vor ihrer Haustür eine Autobahn oder ein Atomkraftwerk gebaut werden soll. Dann ist auch für sie die bloße Akklamation keine mögliche Haltung mehr. Sie haben dann nur die Wahl zwischen Apathie und Intervention. Gerade die große Zahl von Bürgerinitiativen beweist, daß man sehr wohl zwischen Akklamation und Apathie unterscheiden muß: Bloße Akklamation darf nicht mit Gleichgültigkeit verwechselt werden, sondern ist stets Ausdruck einer allgemeinen Zufriedenheit mit dem politischen System. Geht diese Zufriedenheit in einzelnen Fragen verloren, dann ist ein nicht geringer Teil der bislang nur beiläufig akklamierenden Bürger bereit, sich zumindest vorübergehend in Initiativen zu engagieren und im Sinne seiner Interessen zu intervenieren.

Ganz anders ist die Lage von gesellschaftlichen Gruppen, die nicht nur in einzelnen Entscheidungen, sondern grundsätzlich und allgemein in der Gesellschaft benachteiligt sind. Und hierzu gehören derzeit gewiß auch die Türken. Sie können sich niemals das politische Verhalten der Mehrheit zum Maßstab nehmen. Bloße Akklamation wäre für sie nur ein Narkotikum, eine Therapie, durch die Außenseiter in eine Gesellschaft integriert werden, die nicht die ihre ist und deren politische Instanzen ihre Interesen nicht vertreten.[3] Sie haben also stets nur die Wahl zwischen einer unter das Normalmaß der politischen Beteiligung absinkenden Apathie und einer über das Normalmaß hinausgehende Intervention.

Es ist daher ein Irrtum, wenn man annimmt, daß allein schon der Zugang zu den formalen Rechten der politischen Partizipation ein Königsweg aus der gesellschaftlichen Diskriminierung ist. Wenn die herrschenden Mehrheiten problemlos partizipieren, heißt das noch lange nicht, daß problemlose Partizipation dazu führt, an den Vorteilen der herrschenden Mehrheiten teilzunehmen. Nicht die politischen Kräfteverhältnisse entscheiden, wer zu den herrschenden Mehrheiten gehört, sondern die herrschenden Mehrheiten entscheiden, wie die politischen Kräfteverhältnisse gestaltet werden.

Sinnvolles Ziel kann politische Partizipation für Türken nur sein, wenn sie nicht nur durch formale Beteiligung den Anschein der Dazugehörigkeit erweckt, sondern wenn sie über das politische System hinaus auch zu gesellschaftlicher Partizipation führt. Es geht nicht einfach um ein Mitmachen bei dem, was bisher ohne sie geschieht, sondern um eine Veränderung dessen, was bisher gegen sie geschieht. Politische Partizipation für Türken kann nicht ein Wert an sich sein, der schon durch seinen Vollzug Zufriedenheit vermittelt. Sie ist überhaupt nur interessant, wenn sie die Chance erfolgverprechender Intervention eröffnet, also Einfluß nehmen und Herrschaftsverhältnisse verändern kann. Damit verschiebt sich die Fragestellung von der bloßen Teilnahme zur Einflußnahme. Es geht da nicht mehr um Institutionen, die Teilnahme ermöglichen oder verweigern, sondern um Wirksamkeit oder Wirkungslosigkeit einer solchen Teilnahme.

Nachfolgend soll daher nicht so sehr untersucht werden, welche Institutionen eine politische Partizipation der Türken derzeit erlauben und welche weiteren zu fordern sind, sondern welche Möglichkeiten einer effektiven politischen Einflußnahme es für die Türken gibt.

I.

Die formale politische Partizipation vollzieht sich in der repräsentativen Demokratie über den Wahlakt. Türkische Staatsbürger haben in der Bundesrepublik kein Wahlrecht. Zur Zeit wird vielfach gefordert, ihnen wenigstens ein kommunales Wahlrecht einzuräumen[4]. Viele Rechtswissenschaftler halten ein kommunales Wahlrecht von Ausländern für vereinbar mit dem Grundgesetz der Bundesrepublik Deutschland[5]. Denn es »haben die von dem Volk in den Kreisen und Gemeinden gewälten kommunalen Vertretungskörperschaften keine eigene Legislativgewalt, sondern sind in ihrer Gänze vielmehr Teil der Exekutive der Länder«[6]. Diese Begründung weist zugleich auf die schwachen Einflußchancen des kommunalen Wahlrechtes hin. »Angesichts der somit notwendigerweise beschränkten Tragweite kommunaler Entscheidungen bliebe der Einfluß der Ausländer auf die Gestaltung ihres Lebensraumes, trotz der Möglichkeit an den Kommunalwahlen teilzunehmen, letztlich gering«[7]. Man könnte es überspitzt auch so formulieren: Weil das kommunale Wahlrecht nur wenig politischen Einfluß möglich macht, kann man es auch den Ausländern einräumen.

Daher ist es konsequenter, das volle Wahlrecht der nichtdeutschen Einwohner der Bundesrepublik Deutschland zu fordern. Die Begründung ist ohnehin dieselbe: »In der Bundesrepublik...ist die ausländische Bevölkerung ein nicht mehr ignorierbarer Bestandteil der deutschen Gesellschaft geworden, und sie wird es auch in Zukunft bleiben«[8]. Unter anderen rechtlichen und faktischen Bedingungen wären die Türken längst Staatsbürger[9]. Die Trägheit der Staatsbürgerschaftsfrage ist inzwischen vom Prozeß der Eingliederung überholt worden. Nimmt man diesen Prozeß und nicht den rechtsdogmatischen und ideologischen Charakter der Staatsbürgerschaft zum Maßstab, dann spricht eigentlich alles dafür, den Türken das Wahlrecht nicht länger zu verwehren. Es ist Sache der Juristen, wie sie das auf die Gleise schieben. Wenn man es politisch wollte, dann dürften die rechtlichen Schwierigkeiten nicht unüberwindlich sein.

Ob es nun das volle oder nur das kommunale Wahlrecht sein soll — es geht immer um den politischen Willen zunächst der Deutschen. Und da sind die Widerstände unübersehbar. Sie beruhen auf einem Zusammenspiel nationaler und parteipolitischer Argumente — oder besser: Ängste. Den nationalen Ängsten kann man getrost das Etikett der Ausländerfeindlichkeit verpassen. »Das Wahlrecht für Ausländer bei Bundestagswahlen befürworten 19%, das Wahlrecht bei Kommunalwahlen 27%« der Bürger der Bundesrepublik[10]. Komplizierter sind die parteipolitischen Ängste: Die Folgen für das politische Gleichgewicht in der Bundesrepublik werden als unkalkulierbar angesehen. Auf dem rechten Flügel befürchtet man, daß sich schlagartig die Wählerstimmen der SPD vermehren werden, weil die Ausländer schließlich überwiegend der Arbeiterschicht angehören. Die SPD selbst ist sich da gar nicht so sicher: Werden nicht, wenn sie sich entschieden der Probleme der Ausländer annimmt, mehr deutsche Wähler sich von ihr abwenden, als sie ausländische Wähler gewinnen kann? Und wenn sie um der deutschen Wähler willen in der bisherigen halbherzigen Ausländerpolitik weitermacht, werden dann nicht die ausländischen Wähler zu den GRÜNEN abwandern? Angesichts dieser unkalkulierbaren Risiken gibt es eine deutliche Abneigung, das empfindliche machtpolitische Gleichgewicht der Bundesrepublik durch eine schlagartige Vermehrung der Wähler zu stören. Die notwendige parlamentarische Entscheidung »erscheint undenkbar, ja absurd«[11].

Das Wahlrecht würde vielleicht den Türken einigen politischen Einfluß verschaffen. Doch gerade diese Aussicht ist es, die die Verweigerung des Wahlrechtes auf seiten der Deutschen beflügelt. Der Einfluß muß daher früher einsetzen. Man kann nicht sagen: Wenn wir wählen dürften, würden wir Einfluß haben. Man muß Einfluß nehmen, um das Wahlrecht zu bekommen. Die monoman vorgetragene Forderung nach dem Wahlrecht sattelt das Pferd vom Schwanz her auf.

Vielleicht ist es zur Zeit (noch) inopportun und illusionär, darauf hinzuweisen, daß ein Weg zum Wahlrecht über die Einbürgerung führt. Deren Problematik habe ich schon gestreift. Um diesen Weg daher stärker zu öffnen, bedürfte es einerseits einer Novellierung des Staatsbürgerschaftsgesetzes und andererseits bilateraler Vereinbarungen. Die Gesetzesnovellierung müßte Staatsangehörigkeit und nationale Zugehörigkeit entkoppeln, Rechtsansprüche auf Einbürgerung einräumen und den Verwaltungsaufwand vermindern[12]. Bilaterale Vereinbarungen müßten die Möglichkeit einer doppelten Staatsbürgerschaft regeln[13].

Wahlrecht ohne Staatsangehörigkeit würde auf jeden Fall nur ein Zwischenstadium sein. Wenn sich seine Realisierung — was zu befürchten ist — noch länger hinzieht, könnte es von der Entwicklung einer zunehmenden Bereitschaft zur Einbürgerung überholt werden. Es ist daher möglicherweise zukunftsträchtiger, auf die genannte Liberalisierung des Staatsangehörigkeitsrechtes als auf ein Wahlrecht hinzuwirken.

Für diese Liberalisierung lassen sich auch eher Gründe anführen, die deutschen Ohren akzeptabel klingen. Die Einbürgerung entfernt sich weniger von den konventionellen Vorstellungen und argumentiert stärker mit gesamtgesellschaftlichen Interessen als mit den Sonderinteressen der Ausländer. Aber auch hier stellt sich die Frage, wie die Ausländer ohne formale Partizipation Einfluß auf eine Änderung des Einbürgerungsverfahrens nehmen können.

Selbst wenn Türken einmal auf die eine oder andere Weise das Wahlrecht haben werden, so ist doch vor der Illusion zu warnen, als wäre dies allein schon identisch mit einer wirksamen politischen Einflußnahme.

Politiker wollen regieren. Dazu brauchen sie nicht nur Wähler, sondern die Mehrheit der Wähler. Es ist ihnen daher ein leichtes, Minderheiten zu ignorieren, wenn ihnen das die Mehrheit durch ihre Stimmenabgabe honoriert[14]. Daß die Polen, Dänen und Elsaß-Lothringer im Deutschen Reich Wahlrecht hatten, das hat die Preußische und die Reichsregierung nicht daran gehindert, sie administrativ und legislativ massiv zu diskriminieren[15]. Der Nachteil der Minderheiten ist nun einmal immer der Vorteil der Mehrheit.

Minderheiten wollen nicht nur wählen, sondern dadurch auch Einfluß auf die Regierungspolitik nehmen. Das aber ist unmöglich, solange eine Partei, die eine ausländerfreundliche Politik zu machen verspricht, nur die Stimmen der Ausländer, nicht aber die der Mehrheit der Wähler erhält. Konkurrieren deren Interessen mit denen der Minderheit, so ist es wieder nichts mit der Einflußnahme.

Es ist daher nicht verwunderlich, daß die Wahlbeteiligung von Minderheiten zumeist gering ist[16]. So wird auch der deutliche Rückgang der ausländischen Wahlbeteiligung bei den Kommunalwahlen in Schweden zwischen 1976 und 1982 von 60 auf 52% damit erklärt, daß sich für die Ausländer durch die Wahlbeteiligung »eine merkbare Veränderung ihrer Lebensverhältnisse...nicht ergeben« hat[17]. Die oft beschworene und untersuchte politische Apathie von Minderheiten ist nicht Ausdruck mangelnder Interessenwahrnehmung, sondern Resultat ihrer Erkenntnis, daß sie keine Chance haben, ihre Interessen über den Wahlakt wahrzunehmen. Wahlverweigerung ist dann durchaus auch politisches Handeln. Wenn man schon nicht Einfluß nehmen kann, dann will man wenigstens nicht durch ohnmächtige politische Partizipation dazu beitragen, die Legitimation derer zu stärken, die die eigenen Interessen ignorieren.

Die Forderung nach dem Wahlrecht für Ausländer ist berechtigt und notwendig. Trotzdem kommt man, wenn man nicht den symbolischen Wert des Wahlrechtes, sondern die dadurch mögliche effektive Einflußnahme zum Maßstab macht, zu einer eher skeptischen Bilanz. So berechtigt die Forderung ist, so sollte dies doch nicht zu der Illusion verführen, als wäre das Wahlrecht eine Zauberformel, die über Nacht Ohnmacht in politische und gesellschaftliche Macht umwandelt. Man hat manchmal den Eindruck, daß diese Illusion gezielt als Instrument im Kampf um das Wahlrecht eingesetzt wird — und sei es auch nur zur eigenen Ermutigung. Hätte diese Strategie aber Erfolg, so würde die Enttäuschung auf dem Fuß folgen und sie wäre später desto schwerer wieder aufzubrechen, je größer vorher die Illusionen waren.

Wir landen also immer wieder vor derselben Frage, vor die uns schon die Einführung des Wahlrechts und die Liberlisierung des Staatsbürgerschaftsrechtes geführt hatte: Welche Möglichkeiten der politischen Einflußnahme gibt es vor und neben der formalen politischen Partizipation durch den Wahlakt?

II.

Mit dieser Frage verschiebt sich der Ort der politischen Partizipation. Sie beginnt nicht erst dort, wo das politische System den Bürger bei den Wahlen zu seiner Stimmabgabe auffordert, sondern weit vorher im gesellschaftlichen Feld. Dort müssen zunächst die Kräfte mobilisiert werden, die Einfluß auf das politische System nehmen können. Nur wenn es den Minderheiten gelingt, zunächst gesellschaftliche Macht zu organisieren, können sie im politischen Kräftefeld Einfluß gewinnen. Das ist im übrigen auch eine Grunderfahrung der Friedens- und alternativen Bewegung als einer anderen gesellschaftlichen Minderheit: In den Parlamenten ist bestenfalls dann etwas zu bewegen, wenn zunächst außerparlamentarisch der nötige Druck erzeugt worden ist.

Für die Organisation politischen Einflusses im gesellschaftlichen Vorfeld des politischen Systems möchte ich zwei Möglichkeiten diskutieren.

Die erste Möglichkeit ist der Ausländerbeirat. Er ist noch relativ nahe am politischen System angesiedelt. Beiräte werden immer dort eingerichtet, wo Mehrheiten sich des Risikos bewußt werden, daß sie Interessen und Gesichtspunkte wichtiger Minderheiten nicht genügend berücksichtigen. Beiräten ist daher immer ein Spannungsverhältnis zum Mehrheitswillen eigentümlich, das ihnen eine spezifische Ambivalenz verschafft. Einerseits sind sie in Gefahr, zum bloßen Schnörkel der Mehrheitsinteressen zu degenerieren. Sie haben dann nur noch eine Alibi-Funktion, ohne Einfluß nehmen zu können. Andererseits weisen sie aber auch auf eine brüchig werdende Legitimation des ungeschminkten Mehrheitswillens hin, der ihnen durchaus eine Möglichkeit eröffnet, sich Gehör zu verschaffen. Ob Beiräte nur ein dekoratives Element sind oder ob sie eine Bresche in den Mehrheitswillen schlagen, also ein Stück weit Fremdbestimmung in Selbstbestimmung umwandeln können, das hängt letztlich von ihrer Arbeitsfähigkeit und Entschlossenheit ab.

Die in vielen Kommunen schon bestehenden Beiräte leiden offenkundig unter zwei Mängeln, die sie weitgehend daran hindern, wirksamen Einfluß zu nehmen.

Zumeist werden sie ohne Absprache mit den örtlichen Ausländerorganisationen, ja in deutlicher Verweigerung gegenüber deren Mitsprachewünschen eingerichtet. Ihre Satzungen und Wahlordnungen enthalten eine Vielzahl von Regelungen, die schon im Vorfeld auf die Abwehr des politischen Einflusses der Ausländer hinzielen.[18]. Bei ihrer Lektüre gewinnt man den Eindruck, als sollten die Beiräte auf eine für deutsche Verwaltungen und Politiker möglichst billige Weise lediglich eine Fiktion von politischer Partizipation der Ausländer herstellen. Sie sind daher oft regelrechte Produktionstätten der Frustration der Partizipationswilligen.

Diese Feststellung entgeht vielleicht nicht der Gefahr, diejenigen deutschen Politiker, die sich für die Einrichtung solcher Beiräte stark gemacht haben, zu kränken. Sie sind selbst oft nicht wenig frustriert von den Ergebnissen ihrer Bemühung, meinen aber, den Kompromiß doch noch vertreten zu können und machen dann nicht selten die Ausländer dafür verantwortlich, wenn diese sich nicht begeistert auf den symbolischen Zipfel von Partizipation stürzen. Gelegentlich sind sie sich auch nicht bewußt, daß die Rücksicht auf Widerstände im eigenen Lager schon die Schere in ihrem Kopf arbeiten läßt. Die Kritik richtet sich nicht gegen ihre Bemühungen, sondern zielt auf das, was unter dem Strich dabei herauskommt.

Der zweite Mangel ist das Fehlen von präzisen und verbindlichen Vorgaben auf Landesebene. Jede Kommune wurschtelt daher vor sich hin. Seit 1948 gibt es ein Landesgesetz, das auf allen Verwaltungsebenen vom Land bis hinunter zu den Kommunen die Bildung von Flüchtlingsausschüssen, später Vertriebenenbeiräte genannt, fordert[19]. Noch im Jahre 1984 wurde in Düsseldorf eine »Verordnung über die Beiräte für Vertriebenen- und Flüchtlingsfragen im Land Nordrhein-Westfalen« erlassen, die Zusammensetzung und Wahl dieser Beiräte im Detail festlegt[20]. Warum gibt es bis heute nichts dergleichen für Ausländerbeiräte? Warum nehmen Ausländer und ihre deutschen Fürsprecher nicht entschieden Einfluß darauf, daß die Landesregierung den Kommunen verbindlich die Einführung von Ausländerbeiräten vorschreibt, deren Satzung und Wahlordnung präzise regelt und für von unten nach oben durch Delegation zu bildenden Beiräte in den Kreisen, in den Regierungsbezirken und beim Land sorgt?[21] In Hessen ist man seit einigen Wochen intensiv dabei, eine entsprechende Gesetzesvorlage vorzubereiten. Auf diesem Gebiet jedenfalls können die Landesregierungen sich nicht damit herausreden, daß das ihren legalen Entscheidungsspielraum übersteigt.

Beiräte sind kein Ersatz für das Kommunalwahlrecht. Sie können Minderheiten die Möglichkeit verschaffen, ihre Interessen zu artikulieren und entsprechend Einfluß zu nehmen, auch wenn sie das Wahlrecht haben. Wenn sie direkt gewählt und auf allen Verwaltungsebenen gebildet würden, böten sie eine Chance, daß von den Ausländern gewählte Vertreter ihren Einfluß bis in die Landesregierung tragen könnten. Sie sind also einerseits weniger und andererseits mehr als das Wahlrecht, auf keinen Fall aber dessen Äquivalent oder Surrogat.

Eine zweite Form ist die Selbstorganisation der Türken. Schließlich bedarf es nicht unbedingt der Gnade eines kommunalen Rates, damit die Türken ihren Sprecher bestimmen, um in Verhandlungen mit deutschen Stellen ihre Interessen zu vertreten. Obwohl es eine Vielzahl von türkischen Selbstorganisationen gibt, sind diese zur Zeit noch überwiegend in die Gestaltung ihres Innenlebens, in ideologische Grabenkämpfe untereinander und in der Beschäftigung mit Problemen des Heimatlandes verstrickt.

Die einzige mir bekannte türkische Organisation, die sich gezielt um politischen Einfluß im Interesse aller Türken bemüht, ist die türkische Gemeinde in Berlin. Sie versteht sich als »ein freiwilliger Zusammenschluß von Vereinen und sonstigen Organisationen, der die Rechte und Interessen der in Berlin (West) und in der Bundesrepublik ansässigen türkischen Bevölkerungsgruppen wahrnimmt«[22].

Sie ist inzwischen zu einem anerkannten Gesprächspartner deutscher Stellen geworden. Vor kurzem hat sie die Kühnheit besessen, öffentlich die Übertragung der Betreuungsarbeit an den Türken von der Arbeiterwohlfahrt an türkische Organisationen selbst, also an die türkische Gemeinde von Berlin, zu fordern. »Nach zwei Jahrzehnten ist es an der Zeit, daß die Türken ihre Geschicke selbst in die Hand nehmen und sich nicht mehr bevormunden lassen«[23]. Eine solche Selbstorganisation macht einen Beirat im Grunde überflüssig. Oder anders gesagt: Wo ein Beirat nicht auf einer solchen Selbstorganisation aufbaut, sind die Chancen gering, daß er wirklich Einfluß nehmen kann.

III.

Die Frage, ob Ausländerbeiräte und Selbstorganisationen der Türken erfolgreich politischen Einfluß nehmen können, ist nun aber keineswegs schon mit deren Existenz entschieden. Sie mögen bis zur Ermüdung tagen und ihre Beschlüsse fassen, ohne daß es irgendeine Wirkung zeitigt. Ihnen ist nicht, wie dem politischen Mehrheitswillen, ein Automatismus der Einflußnahme eigentümlich. Ihr Einfluß ist vielmehr — und damit komme ich zum dritten Komplex meiner Thesen — davon abhängig, ob sie über Strategien verfügen, mit denen sie auf die Repräsentanten und Vertreter des Mehrheitswillens einwirken können. Ich möchte — etwas exemplarisch — drei Möglichkeiten solcher Strategien skizzieren.

Eine erste Strategie ist die Verzahnung der Beiräte und Selbstorganisationen mit den deutschen Parteien. Es kommt also darauf an, daß die Türken, die sich in der deutschen Gesellschaft für die Interessen ihrer Landsleute einsetzen wollen, Mitglieder in deutschen Parteien werden.

Aber auch in den Parteien ist das Risiko groß, daß die Teilnahme zum Selbstzweck wird und höchstens dem individuellen Aufstiegsmanagement dient. Ausländer werden zwar als Wasserträger dort gern gesehen, aber die Prioritäten bestimmen doch die etablierten Drahtzieher. Und dann beschweren sie sich noch, daß die Ausländer so wenig Interesse für die aktuellen Schwerpunkte ihrer Diskussion haben. Auch hier geht es also nicht ohne weitere Strategien der Einflußnahme. Diese sind aber nur dort möglich, wo eine Gruppe selbstbewußter Ausländer sich geschickt der Mechanismen der innerparteilichen Willensbildung bedient.

Wenn ich das persönlich entscheiden müßte, so würde ich wahrscheinlich nicht zur SPD gehen. Wenn es opportun wäre, würde die SPD sicherlich ohne viele Umstände mancherlei gute Gesetze für die Türken beschließen. Und wenn es nicht opportun ist, könnte meine Mitgliedschaft daran kaum etwas ändern. Ich würde auch nicht zu den GRÜNEN gehen. Da würde ich mich zwar sehr wohl fühlen. Denn die machen das schon von sich aus richtig. Dazu brauche ich nicht auf sie einzuwirken. Ich würde mir aber sehr überlegen, ob ich nicht der CDU beitreten müßte, weil dort nicht nur das taktische Kalkül, sondern der Standpunkt der Mitglieder und Funktionäre eine ausländerfreundliche Politik verhindert. Mit diesem Standpunkt würde ich mich auseinandersetzen. Dieses vielleicht provokante Gedankenspiel soll deutlich machen, was Einflußnahme bedeutet. Es geht darum, dort anzusetzen, wo Auseinandersetzungen möglich sind.

Für eine effektive Einflußnahme unverzichtbar sind auch Lobbystrategien. Diese nützen alle Anfälligkeiten des politischen Sytems, um es im Sinne der eigenen Interessen zu beeinflussen. Sie bestehen immer in einer geschickten Bündelung von öffentlicher Meinungsbildung und höchst intimen Kontakten. Der Vorsitzende eines Ausländerbeirates oder einer Selbstorganisation, der keine guten Beziehungen zu den wichtigsten Redakteuren pflegt und keinen freien Zugang zu den Schaltstellen der politischen Entscheidung hat, ist eine beklagenswerte Figur.

Um derartige Lobbystrategien zu handhaben, muß man den Bewegungsspielraum derer ausloten können, auf die man einwirken will, das Erreichbare vom Unerreichbaren unterscheiden zu können. Man braucht detaillierte Kenntnisse der jeweiligen Machtverhältnisse und der Techniken, wie man eigene Interessen in Impulse übersetzen kann, die von den Gremien beachtet, aufgenommen und verarbeitet werden. Wer nicht virtuos mit diesem Instrumentarium umgehen kann, darf sich nicht wundern, wenn er stets vor verschlossener Tür landet.

Schließlich gehört in diesen Bereich auch die Möglichkeit, solidarische Aktionen der eigenen Basis einsetzen zu können. Ich erinnere an den Boykott weißer Geschäfte durch die Schwarzen in Südafrika, der die weißen Wirtschaftsführer in eine Opposition zur Regierung Botha lanciert hat. Der Vorsitzende der türkischen Gemeinde in Berlin hat jüngst in einem Vortrag folgendes Szenarium entworfen: »Die Berliner Banken arbeiten schätzungsweise mit ein bis anderthalb Milliarden Mark, die Türken auf die hiesigen Geldinstitute eingezahlt haben. Eine Transaktion von einer halben Million Mark an einem Tag von einer zur anderen Bank brächte eine ziemliche Bewegung in die Berliner Börse. Die Türken haben aber ein dreitausendmal größeres Finanzpotential für manche 'Geldspielereien'. Kurzum, die Türken verfügen über ein großes Potential an Einflußnahme. Da es bis jetzt aber keine Bündelung dieser Einzelpotentiale gibt, konnten die Türken gegenüber Restriktionen nicht mit Sanktionen reagieren. Bestes Beispiel war, als eine große Versicherungsanstalt beschloß, die PKW der Türken nicht mehr zu versichern. Unter anderem sitzen einige Großbanken als Aktionäre im Vorstand dieser Versicherung. Auf der anderen Seite werben diese Banken um jede deutsche Mark der Türken. Bei einer guten durchorganisierten türkischen Bevölkerungsgruppe, die für ihre Rechte eintritt und an einem Strang zieht, hätte sich diese Versicherungsgesellschaft zu so einem Schritt mit Sicherheit nicht entschlossen«[24].

IV.

Die beschriebenen drei Felder der politischen Partizipation sind keine Alternativen, sondern gehören zusammen. Wirksame Einflußnahme geht letztlich nicht ohne alle drei. Aber sie haben unterschiedliche Realisierungsschwierigkeiten. Weiter zu Anfang dieser Aufzählung liegen die Schwierigkeiten eher in den fehlenden Institutionen. Diese herzustellen, ist die Sache der Deutschen. Daß sie es nicht tun, darüber kann man sich mit Recht beklagen, aber ändern kann man es dadurch nicht. Weiter zum Ende liegen die Schwierigkeiten eher in der fehlenden Entschlossenheit auf Seiten der Türken. Dafür gibt es viele Gründe, die manches entschuldigen mögen. Solange aber die Formen der einflußnehmenden Partizipation, die heute schon offenstehen, nicht genutzt werden, hat auch die deutsche Seite ihre bequemen Entschuldigung, wenn sie im institutionellen Bereich alles beim alten läßt.

Politische Partizipation, die etwas verändert, bekommt man nicht geschenkt. Es kommt darauf an, unbequem zu werden. Denn Bequemlichkeit ist eine der höchsten Tugenden der Politiker.

Anmerkungen

1. Vgl. Gisela Zimpel, Selbstbestimmung oder Akklamation? Politische Teilnahme in der bürgerlichen Demokratietheorie, Stuttgart 1972, S. 143ff.
2. Vgl. Gisela Zimpel, Der Beschäftigte Mensch, Beiträge zur sozialen und politischen Partizipation, München 1870, S. 31.
3. In der umfangreichen nordamerikanischen Literatur wird politische Partizipation überwiegend in diesem Sinne verstanden (vgl. Fn. 1 und 2.) Sie hat in deren Sichtweise vor allem die Funktion, die einzelnen in die bestehende Gesellschaft zu integrieren, nicht aber diese zu verändern. Normativer Bezugspunkt dieser Theorie ist stets das als gegeben angenommene Gleichgewicht der Gesellschaft. Aus dieser Perspektive befürwortet auch Dietmar Breer ein Kommunalwahlrecht für Ausländer: »Der oft nur zaghafte, manchmal aber auch spontane Mitwirkungsimpuls kann hier in ein Engagement für das Gemeinwesen umgesetzt und so nahezu unmerklich in eine konkrete Bejahung der Staatsordnung überführt werden.« (Dietmar Breer, Die Mitwirkung von Ausländern an der politischen Willensbildung in der Bundesrepublik Deutschland durch Gewährung des Wahlrechts, insbesondere des Kommunalwahlrechts, Berlin 1982, S. 148). Im Unterschied zum

nordamerikanischen Ansatz versuchen einige Autoren der Bundesrepublik, den normativen Bezugspunkt der politischen Partizipation in Selbstbestimmung und Emanzipation der Individuen zu sehen (z.B. Thomas Ellwein, Jürgen Habermas, Franz Neunmann, Gisela Zimpel). Die bisherige Diskussion um die politische Partizipation der Ausländer in der Bundesrepublik hat m.E. diese beiden Funktionen nicht genügend unterschieden. Da sie vor allem die verschiedenen formalen Partizipationsrechte zwischen Ausländern und Deutschen im Auge hat, neigt sie ungewollt dazu, die politische Partizipation nur als einen Faktor im Integrationsprozeß der Ausländer und damit einseitig im Sinne der nordamerikanischen Theorien zu interpretieren.

4. Vgl. Faruk Şen/Gerhard Jahn (Hrsg.), Wahlrecht für Ausländer, Stand und Entwicklung in Europa, Frankfurt 1985. Hakkı Keskin, Menschen ohne Rechte? Einwanderungspolitik und Kommunalwahlrecht in Europa, Berlin 1984.
5. Vgl. die Literaturübersicht von Fritz Franz in Hakkı Keskin (Fn.4), S. 31ff.
6. Dietmar Breer (Fn. 3), S. 105.
7 Ebd., S. 147.
8 Hakkı Keskin (Fn. 4), S. 12.
9. Vgl. Lutz Hoffmann, »Die nationale Grimasse der Leute ohne nationalstaatliches Bewußtsein«, in: kulturrevolution, Nr. 10 (Okt. 1985), S. 39ff. Ders., Die nichtdeutschen Minderheiten im deutschen Nationalstaat seit 1871, in: Zeitschrift für Ausländerrecht und Ausländerpolitik, Heft 1, 1986.
10. Frankfurter Rundschau, 07.12.1985.
11. Fritz Franz, Kommunales Wahlrecht für Einwanderer! in: Hakkı Keskin (Fn. 4), S. 27ff (S. 28).
12. Vgl. Dietmar Breer (Fn. 3), S. 39ff.
13. Vgl. Redebeitrag von Frau Liselotte Funcke am 6. Sept. 1985 in Stockholm.
14. Vgl. Gisela Zimpel (Fn. 1), S. 109.
15. Vgl. Lutz Hoffmann (Fn.9).
16. Vgl. Gisela Zimpel (Fn.1), S. 111.
17. Thomas Hammar, Teilnahme der Einwanderer an der schwedischen Politik, in: Hakkı Keskin (Fn. 4), S. 45ff (S. 51).
18. Vgl. Lutz Hoffmann/Herbert Even, Die gegängelte Selbstvertretung — Halbherzigkeiten bei den Direktwahlen zum kommunalen Ausländerbeirat, in Zeitschrift für Ausländerrecht und Ausländerpolitik, Heft 3, 1985, S. 124ff.
19. Flüchtlingsgesetz vom 2. Juni 1848 (GS. NRW. S. 182), Abschn. III, IV und V.
20. Vgl. Gesetz- und Verordnungsblatt NRW von 28.9.1984, S. 569.
21. Vgl. Kevenhörster, Ausländische Arbeitnehmer im politischen System der Bundesrepublik 1974, S. 13ff.
22. Türkische Gemeinde zu Berlin e.V., Dachverband türkischer Organisationen, Satzung, § 1.
23. Pressekonferenz der Türkischen Gemeinde zu Berlin am 23.7.1985.
24. Safer Ilgar, Möglichkeiten der Selbstorganisation, Manuskript 1985, S. 2f.

Prof. Dr. Ursula Boos-Nünning

Die schulische Situation der zweiten Generation

Als zweite Generation werden die Kinder ausländischer Arbeitnehmer bezeichnet, die im Schul- und Vorschulalter mit ihren Eltern in die Bundesrepublik Deutschland eingereist bzw. — und das ist immer häufiger der Fall — hier geboren sind. Sie haben zumindest einen Teil ihrer Sozialisation in der deutschen Schule und Gesellschaft erfahren. Geht man von Äußerungen der Politiker und Praktiker von vor 10 Jahren aus, müßte sich diese Gruppe problemlos in die deutsche Gesellschaft integriert haben. Da sie (größtenteils) hier aufgewachsen ist, müßte sie über zureichende deutsche Sprachkenntnisse, die erforderlichen Schulabschlüsse und über das Maß an Anpassung verfügen, daß ihnen eine Wahrnehmung beruflicher und sozialer Chancen erlaubt. Faktisch hat sich die Situation der ausländischen Schüler in den vergangenen Jahren jedoch kaum verbessert. Diese allgemeine These soll in drei Bereichen belegt werden: 1. durch Darstellung der schulischen Situation ausländischer Schüler; 2. durch Diskussion von Ursachen für Schulversagen; 3. durch Aufzeigen von Bewältigungsstrategien ausländischer Familien. In einem 4. Punkt soll die Frage nach pädagogischen Konsequenzen aufgegriffen werden.

1. Die Bildungssituation ausländischer Schüler[1]

In vielen Punkten hat sich — oberflächlich betrachtet — die Bildungs- und Schulsituation ausländischer Schüler normalisiert oder sogar verbessert. Im Schulsystem änderten sich folgende Bedingungen:

— Nachdem die Zahl der ausländischen Schüler in den allgemeinbildenden und den beruflichen Schulen bis 1982 kontinuierlich angestiegen war, ist 1983 erstmals ein Rückgang zu verzeichnen, der sich 1984 und 1985 fortgesetzt hat.

— Eine Veränderung, die nicht unerhebliche Auswirkungen auf Schulorganisation und Unterrichtsgestaltung hat, ist die Tatsache, daß das »Problem« der Seiteneinsteiger, das lange Zeit die ausländerpädagogische Diskussion beherrscht hat und gar als Anlaß für — öffentliche — Spekulationen über weitreichende Einschränkungen der Grundrechte der ausländischen Bevölkerung (Stichwort: Senkung des Einreisealters auf sechs Jahre) herhalten mußte, im Hinblick auf die zahlenmäßige Größenordnung an Bedeutung verloren hat.

Auch für die ausländischen Schüler selbst verbesserte sich die Schulsituation in einigen Bereichen:

— Läßt man einmal die Kinder und Jugendlichen außer acht, die in der Bundesrepublik leben, aber nicht gemeldet sind und vergleicht die Schülerzahlen und die entsprechende Altersgrupe der Wohnbevölkerung, so kann man feststellen, daß die Vollzeitschulpflicht im allgemeinbildenden Bereich weitgehend realisiert ist. Dieses gilt nicht im Bereich der berufsbildenden Schulen; die Schulbesuchsquote ist hier niedrig, hat sich aber gegenüber früheren Jahren leicht verbessert (vgl. Budde u.a. 1985, S. 7 f).

— Die Anteile der Ausländer an den weiterführenden Schulen Realschule und Gymnasium steigen, wenn auch unterschiedlich nach Nationalität der Schüler. Vor allem türkische Kinder sind in den weiterführenden Bildungsgängen weiterhin entscheidend unterrepräsentiert, wie die folgenden Zahlen am Beispiel des Bundeslanden Nordrhein-Westfalen belegen (Schuljahr 1984/85):

	ausländische Schüler	türkische Schüler
	an der Gesamtschülerzahl in %	
Grundschule	15,4	9,3
Hauptschule	16,7	10,6
Sonderschule im Bereich GS u. HS	14,2	8,8
Realschule	4,8	2,0
Gymnasium	3.0	0.8

Umrechnung aus: Ministerium für Arbeit, Gesundheit und Soziales des Landes Nordrhein-Westfalen: Ausländische Arbeitnehmer in Nordrhein-Westfalen, Zahlenspiegel, Ausgabe 1985, S. 144 ff.

Ähnliche Zahlen gelten auch für die anderen Bundesländer.

— Im besonderen Maße angestiegen ist die Zahl der ausländischen Schüler, die einen Hauptschulabschluß erhalten. In Nordrhein-Westfalen waren am Ende des Schuljahres 1983/84 von allen ausländischen Abgängern aus allgemeinbildenden Schulen nur mehr 30,4% ohne Hauptschulabschluß, 42,9% erreichten einen Hauptschulabschluß, 22,3% die Fachoberschulreife und 4.4% die Hochschul- oder Fachhochschulreife. Betrachtet man die Gruppe der ausländischen Jugendlichen isoliert, ist dies gegenüber früheren Jahren eine deutliche Verbesserung.

Alle genannten Zahlen müssen jedoch hinterfragt werden; sie bedeuten nur teilweise eine echte Verbesserung:

— Der relative Anteil ausländischer Schüler an Realschulen und Gymnasien steigt allein deshalb, weil die Zahl der deutschen Schüler absolut sinkt. Sinkt nämlich die Zahl der deutschen Schüler einer Schulform und bleibt die Zahl der ausländischen Schüler gleich, so steigt der Anteil ausländischer Schüler, ohne daß sich deren Bildungschancen verbessert hätten. Ein großer Teil der »Erfolgsmeldungen« der letzten Jahre über steigende Ausländeranteile an weiterführenden Schulen hatte allein diesen Effekt zur Grundlage.

— Die Zahl der ausländischen Schüler mit Hauptschulabschluß nimmt zu einem Zeitpunkt zu, zu dem dieser Abschluß allein keine beruflichen Chancen mehr eröffnet. Selbst die Erfolgreichen, die über einen Hauptschulabschluß verfügen, erhalten zum großen Teil keinen Ausbildungs- oder Arbeitsplatz. Ausbildungsstellen in Großbetrieben bleiben ihnen verschlossen, da sie die dafür notwendigen Aufnahmetests nicht bestehen. Von Klein- und Mittelbetrieben werden sie immer häufiger abgelehnt, weil die Inhaber befürchten, die Kunden seien gegen die Einstellung ausländischer Auszubildender oder weil sie argumentieren, bei der großen Zahl deutscher Jugendlicher ohne Ausbildungs- oder Arbeitsstelle müsse man erst für deren Unterbringung sorgen. Andere lehnen ausländische Jugendliche ab, weil sie ein Gefühl von Unsicherheit und Fremdheit wahrzunehmen glauben. Wenn die Jugendlichen trotz der Schwierigkeiten einen Ausbildungsplatz finden, dann häufig in Berufen, die nach Abschluß nur schlechte Weiterbeschäftigungschancen bieten, wie z.B. Friseuse. So waren Ausländer mit abgeschlossener betrieblicher Berufsausbildung mehr als doppoelt so häufig von Erwerbslosigkeit betroffen wie deutsche Absolventen. Als arbeitslos registriert waren 1983 8,7 % der Jugendlichen unter 20 Jahren; die Schätzungen über das tatsächliche Ausmaß der Arbeitslosigkeit schwanken zwischen 25 % und 40 %, in Einzelfällen 50 % der entsprechenden Altersgruppe. Dabei muß man berücksichtigen, daß die Zahl der unversorgten Jugendlichen ohne die zahlreichen Sonderprogramme (wie z.B. die des Bundesministeriums für Bildung und Wissenschaft) noch weitaus größer wäre.

— Es gibt Daten, die auf eine Verschlechterung der Bildungssituation ausländischer Schüler hinweisen. Als wichtigstes muß hier die gestiegene Zahl von Überweisungen in eine Sonderschule — zu 80 % in eine Sonderschule für Lernbehinderte — genannt werden. Der Anteil der ausländischen Schüler aus den sechs Hauptanwerbeländern, die eine Sonderschule besuchten, stieg von 2,5 % im Jahr 1970 über 4,6 % 1980 auf 5,8 % 1983 und liegt damit über der durchschnittlichen Sonderschulbesuchsquote von 4 % (Daten nach KMK 1984). Tragfähige Erklärungen für diese Entwicklung liegen nicht vor. Auszuschließen ist nicht, daß die schwierigen Bedingungen — z.B. die unzureichende schulische Förderung der Zweisprachigkeit — zu Störungen führen, die als »Lernbehinderung« etikettiert werden. Denkbar ist auch, daß mit steigender Aufenthaltsdauer der Ausländer den Kindern zu leichtfertig eine »gute Sprachkompetenz im Deutschen« unterstellt, Schulversagen also fälschlicherweise mit einer Lernbehinderung erklärt wird. Vielleicht werden nun auch verstärkt auf irgendeine Art »auffällige« Schüler in die Sonderschule überwiesen, die früher — als es sie noch in größerer Zahl gab — in Vorbereitungsklassen blieben.

Diese kurze Bestandsaufnahme belegt, daß sich die Bildungssituation der zweiten Generation nicht grundsätzlich verbessert hat. Der gestiegenen Zahl derjenigen, die in unserem Bildungssystem zurüchtkommen, steht eine erhebliche Zahl nur scheinbar erfolgreicher und eine steigende Zahl offensichtlich nicht erfolgreicher Schüler gegenüber. Besonders der Blick auf die berufliche Qualifizierung belegt, daß vielen ausländischen Jugendlichen nicht nur der soziale Aufstieg verwehrt ist, sondern daß sie in vielen Fällen nicht einmal das berufliche Niveau und die berufliche Stellung ihrer Eltern erreichen.

2. Ursachen für Schulversagen

Die Ursachen für das schlechte Abschneiden ausländischer Schüler lassen sich nicht mehr — wie vielleicht vor 10 bis 15 Jahren möglich — darauf zurückführen, daß die ausländischen Kinder erst im schulpflichtigen Alter oder sogar nach Ende der Pflichtschulzeit in die Bundesrepublik Deutschland einreisten und als »Seiteneinsteiger« den Anschluß an das deutsche Schulsystem nicht fanden. Waren mangelnde deutsche Sprachkenntnisse, der Sozialisationsprozeß im Herkunftsland, die fehlende Möglichkeit zur Bewältigung des Stoffes in der deutschen Schule schon immer unzureichende Begründungen für den geringen Erfolg, so fehlt dieser Argumentation inzwischen jegliche Grundlage. Vielmehr wird nach wie vor der Anschluß an den Stand der deutschen Schüler durch eine Reihe schulorganisatorischer und schulischer Faktoren verhindert, z.B. der langfristige Besuch von Vorbereitungsklassen ohne flexible Überleitung oder die Zuweisung in separate Ausländerklassen (sei es als Regelklassen nur mit ausländischen Schülern oder als Klassen mit zwei Unterrichtssprachen), in denen ausländische Kinder — ohne Kontakt und ohne Vergleichsmöglichkeiten mit deutschen Schülern — von vornherein eine schlechtere Ausgangsposition erwerben. Nach wie vor fehlen in vielen Schulen zureichende Fördermaßnahmen begleitend zum Regelunterricht, etwa um Überleitungen von der Umgangs- zur Fachsprache zu erleichtern, um fachliche Lücken aufzuarbeiten und um Wissen und Vertrautheit mit dem politischen und sozialen System der

Bundesrepublik Deutschland herzustellen. Nach wie vor ist der muttersprachliche Unterricht weder organisatorisch noch inhaltlich mit dem Regelunterricht der deutschen Schule verbunden (s. dazu Damanakis 1983) und schafft zeitliche, wissensmäßige und psychische Probleme bei den Schülern.

Auch die Erledigung der Hausaufgaben stellt immer noch ein Problem dar und verhindert ein Vorankommen der ausländischen Schüler. Ihnen steht zu wenig Zeit zur Verfügung, weil sie am Nachmittag teilweise den muttersprachlichen Unterricht besuchen, die türkischen Kinder dazu nicht selten den Koranunterricht und in erheblichem Umfang Aufgaben der Haushaltsführung übernehmen müssen, vor allem dann, wenn beide Eltern berufstätig sind. Außerdem verhindern die oft sehr engen Wohnverhältnisse ein ungestörtes Arbeiten. Noch wesentlicher ist, daß der größte Teil der Eltern aufgrund fehlender deutscher Sprachkenntnisse und unzureichender eigener Schulbildung ihren Kindern bei den Hausaufgaben nicht helfen kann. Dieses wirkt sich in einem Schulsystem, das faktisch die Mitarbeit der Eltern — m.E. in immer stärkerem Maße — voraussetzt, chancenzerstörend aus, wenn nicht andere außerfamiliäre und außerschulische Hilfen vorhanden sind. Diese stehen jedoch nicht im notwendigen Maße zur Verfügung.

Mängel in der Schulorganisation, unzureichende Aus- und Fortbildung der Lehrer, nicht ausreichender Förderunterricht und fehlende Hausaufgabenbetreuung und fehlende Ganztagsschulen wirken sich zu ungunsten der ausländischen Kinder aus. Viele pädagogische Maßnahmen, die für diese Gruppe geplant werden, sind darüber hinaus in ihrer konkreten Anwendung ambivalent: Vorbereitungsklassen können eine Förderung später eingereister Kinder bedeuten, die über die notwendigen deutschen Sprachkenntnisse für den Besuch der Regelklassen nicht verfügen; sie können sich jedoch auch zu Maßnahmen der Absonderung entwickeln. Ein Verfahren zur Sprachstandsmessung kann dem Lehrer diagnostische Hilfen geben, die eine bessere sprachliche Förderung erlauben; das Verfahren kann jedoch auch zur Selektion der schlechteren Schüle und zur pseudowissenschaftlichen Legitimation der Aussonderung benutzt werden: So wirken sich viele Maßnahmen, die vordergründig zum Vorteil der ausländischen Kinder eingeführt werden, gegen dieses aus.

Die Ursachen für das schlechte schulische Abschneiden der ausländischen Kinder und Jugendlichen liegen aber auch in den politischen, rechtlichen und sozialen Verhältnissen und in der Diskriminierung durch die deutsche Gesellschaft. Auf die Situation in der Bundesrepublik Deutschland, auf die Ablehnung, die sie erfahren und die erlebte Ausländerfeindlichkeit, reagieren die ausländischen Familien mit Angst und Verunsicherung. Realistische Zukunftsplanungen sind unter solchen Bedingungen nicht möglich, so daß sich selbst vorher integrationsbereite Ausländer in illusionäre Rückkehrvorstellungen flüchten. Die Rückkehrorientierung führt ihrerseits dazu, daß Normen wiederbelebt werden, die in dieser Form und Rigidität häufig im Herkunftsland nicht mehr gelten. Das Festhalten der Eltern an solchen Vorstellungen kann Konflikte in der Familie hervorrufen und zu einer Konfrontation mit den von deutscher Seite (Schule, Nachbarschaft und Gesellschaft) vertretenen Vorstellungen führen. Das Schulsystem hat dieser Unsicherheit der ausländischen Eltern nichts entgegenzusetzen, sondern verstärkt deren Ängste, indem es eine weitestgehende Anpassung der ausländischen Schüler fordert und »Probelmfälle« aussondert. Es findet seine Entsprechung in den gesellschaftlichen Vorstellungen, die allein angepaßte Ausländer akzeptieren.

3. Bewältigungsstrategien der ausländischen Familien

Ausländische Kinder und Jugendliche, aber auch ihre Familien müssen mit der Chancenlosigkeit und der Diskriminierung umgehen. Sie erleben sie als Benachteiligung in der Schule, bei der Zuweisung von Arbeitsplätzen, beim Kampf um Lehrstellen, beim Entlassenwerden, wenn Arbeit knapp wird, sowie in vielen anderen Bereichen beim Kontakt mit den Deutschen.

Die erlebte Benachteiligung verlangt von den ausländischen Kindern und ihren Eltern die Entwickung von Strategien, um die auch von ihnen selbst wahrgenommene Diskriminierung zu verarbeiten.

Eine häufig angewandte Strategie ist die Entwickung von Zukunftsperspektiven im Hinblick auf eine Rückkehr ins Herkunftsland. Als Gründe für den Wunsch nach Rückkehr werden angeführt: Das Verhältnis zu Verwandten und Nachbarn, der Wunsch nach Verstandenwerden, Heimweh, die Schönheit der Umgebung, die Ruhe und Harmonie, die dem Leben in der Türkei zugeschrieben werden. Dem wird eine mangelnde Menschlichkeit und emotionale Kälte, Probleme im Umgang mit den Deutschen, Einsamkeit, das Gefühl der Fremdheit, die Isolation hier gegenübergestellt. Daher fühlt man sich emotional, in der letzten Zeit stärker denn je, der Türkei zugehörig. Für ein Verbleiben in der Bundesrepublik sprechen nur pragmatische Gründe: Die Arbeitsmöglichkeiten, die Durchführung einer Ausbildung, das Geld, um in der Türkei ein Haus, ein Geschäft zu erwerben. Wenn die Kinder und Jugendlichen wie auch die Familien sich stark auf die Zukunft im Herkunftsland orientieren, belasten erlebte Diskriminierung oder fehlende Berufsperspektiven sowie enttäuschte Aufstiegschancen den Einzelnen in geringerem Maße und familiäre Auseinandersetzungen führen seltener zur Auflösung der Familie. Unter diesem Gesichtspunkt ist die Rückkehrorientierung, unabhängig von der Möglichkeit ihrer Realisierung, eine der wichtigsten Strategien zur Alltagsbewältigung. Sie schafft psychische Stabilität und bewahrt die Solidarität. Sie bedeutet aber auch eine Fluchtmöglichkeit in (häufig) irreale Zukunftsvorstellungen und verhindert eine selbständige Lebensplanung der Kinder und Jugendlichen, eine aktive Auseinandersetzung mit den Bedingungen in der Bundesrepublik Deutschland und eine Nutzung der — hier auch — vorhandenen Möglichkeiten. Sie sehen hier nur die Chancenlosigkeit und glauben, ihr durch einen Wechsel ins Herkunftsland entfliehen zu können. In vielen ausländischen Familien wird das Leben so gestaltet, als ob man jede Woche, jeden Monat oder zumindest jedes Jahr in das Herkunftsland zurückkehren könnte und würde.

Die ausländerpolitische Diskussion der letzten drei Jahre mit der Betonung der Rückkehrvorstellungen, vor allem die Diskussion und das Angebot an »Rückkehrprämien«, bewirkte, daß bei den ausländischen Eltern und Kindern die Rückkehrorientierung weiter verstärkt wurde. Sie verstehen ihre Anwesenheit stärker als zuvor als zeitlich befristete. Die Unsicherheit ihres Aufenthaltes wird ihnen durch ausländerfeindliche Äußerungen oder rechtliche Erschwernisse ständig vor Augen geführt, und es wird ihnen verdeutlicht, daß sie ihre Anwesenheit als nur geduldet oder sogar unerwünscht ansehen müssen. Je mehr die Unsicherheit ihres Aufenthaltes betont wird, desto eher wird eine Orientierung an der anscheinend sicheren Rückkehrmöglichkeit gesucht. Faktisch wird ein großer Teil der Familien hier bleiben, alleine deswegen, weil ihnen im Herkunftsland keine Arbeitsmöglichkeiten geboten werden und weil ihre Kinder, die hier bei uns aufgewachsen sind, auch dort als Fremde angesehen werden. Aber eine Rückkehrorientierung beeinflußt ihr Leben und ihre Chancen hier.

Die Kinder und Jugendlichen, deren Lebensperspektiven auf die Bundesrepublik ausgerichtet sind — auch sie gibt es in großer Zahl — befinden sich psychisch in einer noch schwierigeren Situation: Die Wahrnehmung von Ablehnung und Diskriminierung berührt sie, die nicht in Rückkehrträume flüchten können, existenzieller. Die Gefährdung ihres Aufenthaltes hier durch eine Vielzahl von Ausweisungsgründen beraubt sie der minimalsten Chancen einer praktischen Zukunftsorientierung und läßt Lebensperspektiven zerfallen (s. die Beispiele bei Hamburger/Seus/Wolter 1981, S. 154-158). Nicht nur die Angst vor einer Ausweisung, sondern auch ständige Diskriminierung und Benachteiligung bedeutet für diese Jugendlichen eine direkte Bedrohung. Ihr Leben insgesamt erscheint als gefährdet. Ihre Orientierung auf die Bundesrepublik Deutschland hin steht im Widerspruch zu ihrer rechtlichen und sozialen Situation sowie den negativen Einstellungen der deutschen Bevölkerung und der Politiker gegenüber Ausländern. Die in der letzten Zeit zunehmende Verunsicherung der ausländischen Familien belebt bei diesen den Rückkehrwunsch, der seinerseits zu einer immer stärkeren Orientierung an den Normen des Herkunftslandes führt und die Familien sich immer mehr von der deutschen Umwelt abkapseln läßt. Dies kann dazu führen, daß die Ausländer nun ihrerseits von der deutschen Gesellschaft geforderte Verhaltensweisen bewußt ablehnen. Die Deutschen reagieren auf diese Ablehnung durch weitere Isolierung, verstärken die Forderung nach Auswanderung der Ausländer und fühlen sich darin bestätigt, die Schuld an der entstandenen Situation den Ausländern selbst zuzuschreiben. Manche ausländische Jugendliche formulieren in dieser zwiespältigen Situation, aus der es für sie keine Lösung gibt, den Anspruch, als Ausländer in Deutschland leben zu können, ohne dem herrschenden Anpassungsdruck unterworfen zu sein. (s. Boos-Nünning/Nieke 1982)

Die Situation vieler ausländischer Jugendlicher ist zur Zeit unlösbar: Die Ausländer, die sich auf die eigenen Vorstellungen zurückziehen, werden deshalb abgelehnt und unterliegen einem Anpassungsdruck an die deutsche Gesellschaft. Diejenigen, die sich anpassen wollen, haben Schwierigkeiten mit ihrer Familie zu erwarten, ohne daß sie damit rechnen können, von den Deutschen wirklich akzeptiert zu werden. Den Jugendlichen, die mit ihrem Selbstverständnis und dem Selbstbewußtsein auf »Normalität«, d.h. Anpassung und Integration in die deutsche Gesellschaft zielen, gerade diesen Jugendlichen geht es nicht besser. Während sie sich selbst als Deutsche verstehen, werden sie in allen Lebensbereichen wie Schule, Berufsbildung und Arbeitsmarkt als Ausländer behandelt. Anpassung zahlt sich für ausländische Jugendliche zur Zeit nicht aus, weder durch Übernahme der deutschen Staatsbürgerschaft noch durch Unterwerfung unter die deutschen Vorstellungen können sie es schaffen, daß sie in der deutschen Gesellschaft akzeptiert werden, solange es zugelassen ist, daß sie als Ausländer diskriminiert werden. Die Bedingungen, die die deutsche Gesellschaft als Voraussetzungen für ihre Integration und damit für die Gleichbehandlung setzt, werden immer höher und sind letztlich unerfüllbar: Zunächst wurde gefordert, daß ausländische Jugendliche die deutsche Sprache beherrschen, daß sie den deutschen Schulabschluß erreichen, dann, daß sie sich deutschen Normen anpassen und letztlich, daß sie weder am Namen noch am Aussehen noch am Verhalten als Ausländer zu erkennen sind. Viele ausländische Jugendliche können und wollen dieses nicht erreichen, sie bleiben Außenseiter; einige, die es zu erreichen suchen, werden psychisch zerbrechen; ganz wenige werden »erfolgreich« sein.

Die ausländischen Kinder und Jugendlichen haben die Kosten für die Wanderung zu bezahlen wie auch für Versäumnisse der Schule und für eine Politik, die vielen von ihnen keine Chance für ein für sie akzeptables Leben bietet.

4. Konsequenzen

Änderungen der Situation sind für die ausländischen Jugendlichen nicht mehr durch einfache Maßnahmen wie zusätzlicher Förderunterricht und Programme, die Ausbildungsplätze zur Verfügung stellen, zu erreichen. Die Änderungen bedürfen einer grundsätzlichen Diskussion der Vorstellungen, die die schulische und gesellschaftliche Situation der zweiten Generation bestimmen. Die Schule wie auch die deutsche Gesellschaft geht von — z.T. unerfüllbaren — Anpassungsvorstellungen aus. Sie formuliert die Anwesenheit ausländischer Schüler als Problem und leitet daraus Hindernisse für das Funktionieren der Schule ab. Lösungen werden mit dem Ziel erarbeitet, die Schule in der alten Form wieder funktionsfähig zu machen, die Probleme kompensatorisch zu lösen. Es wird zuviel gesagt, daß ausländische Kinder und Jugendliche Probleme in der deutschen Schule machen, und es wird zuwenig gefragt, welche Probleme die ausländischen Kinder und Jugendlichen mit der deutschen Schule und mit der deutschen Gesellschaft haben, worunter sie hier leiden. Nicht selten kommt es daher zu unterrichtlichen Handlungen, die vordergründig wohlmeinend und zugunsten der Schüler gedacht sind, tatsächlich aber dazu beitragen, ihre Randstellung und ihre psychischen und sozialen Probleme zu verstärken. In vielen Fällen wird die Konfliktsituation vom Lehrer nicht einmal erahnt, so findet z.B. Unterricht mit dem Ziel statt, ausländische Mädchen zu emanzipieren. Es wird versucht, ihnen Handlungs- und sprachliche Strategien zu vermitteln, die sie in die Lage versetzen, ihre Interessen und Bedürfnisse zu vertreten und Konflikte verbal auszutragen. Dies geschieht, ohne darüber nachzudenken, ob das mittelschichtorientierte Erziehungsziel »Emazipation« der deutschen Schule und Familie in Einklang zu bringen ist mit den Erziehungszielen der ausländischen Familien und ohne daß Übergänge gesucht werden (Gogolin 1982). Daraus läßt sich die Forderung ableiten, daß die deutsche Schule und die Deutschen bei der Übertragung der Vorstellungen reflektierter vorgehen müssen. Es muß nicht nur gefragt werden, welche Orientierungen, Normen und Werte unserer Gesellschaft auch für die ausländischen Kinder unbedingt Geltung beanspruchen können, sondern auch, wo und wie man Übergänge schaffen kann, um die Ziele schrittweise und unter Einbeziehung der Familie zu erreichen. Es muß intensiver beachtet werden, wo Unsicherheit und Angst abgebaut werden können und müssen, wo man deutschen und ausländischen Schülern Erklärungen für das jeweils andere — vielleicht fremde — Verhalten geben sollte, um wechselseitiges Verständnis zu wecken. Aber es muß auch stärker als es bisher in den meisten Fällen geschieht, gefragt werden, in welchen Bereichen eine Anpassung der *deutschen* Schüler an die durch die ausländischen Schüler geänderte schulische und außerschulische Situation erwartet werden kann, und nicht zuletzt, wo deutsche Schüler von ausländischen lernen können (vgl. Hohmann 1983).

Diese Ziele verlangen, daß die Schule sich für neue Aufgaben öffnet, die weit über die Vermittlung kognitiver Inhalte und Hilfen bei der Wahrnehmung schulischer und beruflicher Chancen hinausgehen: Sie muß ein soziales Lernen im Hinblick auf zwei oder mehrere Kulturen ermöglichen, das die Grundlage für das soziale Miteinanderumgehen verschiedener Ethnien vermittelt; sie sollte die ausländischen Kinder und Jugendlichen dazu befähigen, unter Beibehaltung von Elementen der eigenen Kultur in unserer Gesellschaft handlungsfähig zu werden und ihre eigenen Interessen durchzusetzen; sie sollte Hilfe leisten bei der emotionalen Stabilisierung (s. dazu Boos-Nünning u.a. 1983).

Eine alleinige Veränderung schulischer Konzepte für die ausländischen Schüler ohne gleichzeitige Veränderung der Stellung der ausländischen Familien in der deutschen Gesellschaft würde nur einen Schonraum schaffen, der aber den Anschluß dieser Gruppe an das deutsche Gesellschaftssystem und damit ihre beruflichen und sozialen Chancen weiter verringert. Die Schule muß sich daher für ausländische und deutsche Schüler ändern. Eine Pädagogik, die die Interessen der ausländischen Schüler zu vertreten meint, darf weder vor der politischen Entwicklung kapitulieren noch sich in Vorstellungen kompensatorischer Erziehung erschöpfen, sondern muß in eine ernsthafte Opposition zu der ethnozentrischen Ausrichtung und der Mittelschichtsorientierung der Schule treten. Sowohl in der Schule selbst als auch in der deutschen Gesellschaft sind demnach tiefgreifende Änderungen notwendig, damit sowohl die ausländischen als auch die deutschen Familien mit der durch die Wanderung entstandenen Situation fertig werden können. In einem solchen Verständnis wird Integration nicht — wie es bisher von der deutschen Gesellschaft formuliert wird — als Prozeß einseitiger Anpassung verstanden. Vor allem können dann nicht ständig und ausschließlich Vorleistungen von den ausländischen Familien und Jugendlichen verlangt werden, vielmehr muß ein Teil der Bedingungen, unter denen sie leben, vorweg geändert werden, um bei ihnen die Bereitschaft zu stärken, sich mit der deutschen Gesellschaft und darüber mit der deutschen Schule auseinanderzusetzen. Ausländische Kinder und Jugendliche brauchen rechtliche (etwa in Form eines Niederlassungsrechtes) und soziale Sicherheit (in Form der Akzeptanz durch die deutsche Bevölkerung), um Zukunftsperspektiven entwickeln zu können, die auf ein Leben in unserer Gesellschaft hier ausgerichtet sind. Erst dann ist für sie eine realistische Zukunftsplanung möglich, die zusammen mit Änderungen in der Schulorganisation und einer Verstärkung der Förderung Voraussetzungen dafür schaffen, daß sich ihre schulische und berufliche Situation verbessert.

1 Der erste Teil wird teilweise dem Beitrag »Ausländische Kinder an deutschen Schulen« (Ursula Boos-Nünning/Renate Henscheid) entnommen, der in der Zeitschrift Politische Bildung 1/1986 erscheint. Die Auswertung und Analyse der Daten nahm Renate Henscheid vor. Die Überlegungen zu dem zweiten bis vierten Teil werden in ähnlicher Form in einem im Sommer d.J. erscheinendem Lesebuch über »Ausländer und Deutsche in der Bundesrepublik« (herausgegeben von Jusuf Naoum u.a.) abgedruckt.

Literatur

Boos-Nünning, U./Hohmann, M./Reich, H.H./Wittek, F.: Aufnahmeunterricht, Muttersprachlicher Unterricht. Ergebnisse einer vergleichenden Untersuchung zum Unterricht für ausländische Kinder in Belgien, England, Frankreich und den Niederlanden, München: Oldenbourg 1983.

Boos-Nüning, U./Nieke, W.: Orientierungs- und Handlungsmuster türkischer Jugendlicher zur Bewältigung der Lebenssituation in der Bundesrepublik Deutschland. In: Psychosozial 16/1982, S. 63-90.

Budde, H./Henscheid, R/Kaufmann-Sauerland, L./Klemm, K. (Projektleitung)/ Schulz, G.: Gutachten zu Maßnahmen zur Verbesserung der beruflichen Integration ausländischer Jugendlicher: unveröffentlichtes Manuskript, Essen 1985.

Damanakis, M.: Muttersprachlicher Unterricht für ausländische Schüler. In: Deutsch lernen 4/1983, S. 15-47.

Gogolin, I.: Deutsche Lehrer und ausländische Kinder. Anmerkungen zur beruflichen Situation und den Einstellungen von Lehrern, die Kinder ausländischer Arbeitnehmer unterrichten. In: Ausländerkinder. Forum für Schule und Sozialpädagogik 10/1982, S. 3-14.

Hamburger, F./Seus, L./Wolter, O.: Zur Delinquenz ausländischer Jugendlicher. Wiesbaden: Bundeskriminalamt (Sonderband der Forschungsreihe) 1981.

Hohmann, M.: Interkulturelle Erziehung — Versuch einer Bestandsaufnahme. In: Ausländerkinder in Schule und Kindergarten Nr. 4, 1983, S. 4-8.

KMK (Kultusministerkonferenz): Ausländische Schüler in der Bundesrepublik Deutschland 1970 bis 1983; Statistische Veröffentlichungen der Kultusministerkonferenz Nr. 90, 0.0.1984.

Ministerium für Arbeit, Gesundheit und Soziales des Landes Nordrhein-Westfalen: Ausländische Arbeitnehmer in Nordrhein-Westfalen, Zahlenspiegel, Ausgabe 1985.

Gerhard Jahn

Berufliche Eingliederungschancen türkischer Jugendlicher in der Bundesrepublik Deutschland

1. Vorbemerkung

Wenn hier von beruflichen Integrationsprozessen die Rede ist, so verstehe ich diese im Sinne des Konzeptes von Hohmann, für den sich eine Integration nicht abstrakt zwischen verschiedenen Kulturen und Gesellschaften, sondern konkret auf der Ebene von Integrationsfeldern vollzieht. Integrationsfelder in diesem Sinne sind für ausländische Kinder und Jugendliche u.a. die Schule, die Freizeit, Nachbarschaft, peer-groups und last not least der Beruf. Hohmann sagt hierzu: »Es gibt keine Integration, die sich global auf alle diese Felder bezieht, vielmehr muß Integration in jedem einzelnen dieser Felder geleistet werden. Zwischen den einzelnen Feldern ist weder Gleichheit noch Parallelität der Integrationsprozesse zu erwarten, wenngleich sie in einem wechselseitigen Bedingungsverhältnis stehen.«[1]

Ich halte dieses Integrationskonzept von Hohmann für die Behandlung dieses Themas deshalb für treffend, weil wir uns

1. von der Illusion befreien sollten, daß Integrationsprozesse lineare Prozesse sind, in denen gleichsam statisch eine Gleichberechtigung der ausländischen Wohnbevölkerung auf allen gesellschaftlichen Ebenen gleichzeitig erreicht werden kann

und

2. diese Differenzierung eine analytische Trennung von Integrationskategorien unter dem Aspekt von Beruf und Ausbildung möglich macht.

2. Aspekte beruflicher Qualifikationsprozesse bei ausländischen Jugendlichen

Was sind nun in diesem Zusammenhang die Bedingungen für berufliche Qualifikationsprozesse bei ausländischen Jugendlichen?

Ganz allgemein und abstrakt kann man zunächst sagen, daß durch eine Berufsqualifikation Kompetenzen erlangt werden sollen, und zwar Kompetenzen in sozialer und fachlicher Hinsicht, zu deren Erhaltung ein lebenslanger Lernprozess hinzukommt, der in der Lage ist, das Qualifikationspotential konstant zu halten. Die Grundlegung hierfür geschieht u.a in der beruflichen Ausbildung, wobei mehrere Aspekte eine Berufsausbildung ausländischer Jugendlicher kennzeichnen:[2]

1. Die Erlangung fachlicher Kompetenzen innerhalb einer Berufsausbildung stößt bei ausländischen Jugendlichen insoweit auf Schwierigkeiten, als daß Berufsbilder, Rahmenpläne und Prüfungsbedingungen auf betrieblicher Seite und Richtlinien und Lehrpläne auf schulischer Seite nicht auf die Voraussetzungen, nämlich die Berücksichtigung der Herkunftsbedingungen und Tradition ausländischer Jugendlicher und ihrer Bedürfnisse sowie Sprach- und Vermittlungsprobleme eingehen. Die Betriebe lösen diese Probleme überwiegend dadurch, daß sie hohe Selektionskriterien beim Zugang zu einer Ausbildung ansetzen.
2. Ein — im Sinne Hohmanns — wichtiger Integrationscharakter kommt der Berufsausbildung dann zu, wenn sie in der Lage ist, interethnische Kontakte zwischen deutschen und ausländischen Jugendlichen zu fördern und so soziale Beziehungen und Einbindungen zu erreichen. Über eine Berufsausbildung wird diese Chance sehr viel eher geboten als bei Arbeitslosigkeit, bei der eher soziale Isolierung und ethnische Abgrenzung die Folge ist.
3. Eine in der Berufsausbildung grundgelegte, langfristige ökonomische Sicherung bei ausländischen Jugendlichen — vor allem bei türkischen Jugendlichen — muß unter folgender Bedingung gesehen werden: Nach wie vor stehen diese Ju-

gendlichen unter dem Zwang, die Rückkehrabsichten ihrer Eltern und die damit verbundenen sozioökonomischen Bedingungen ihres Heimatlandes mit in die Berufswahlentscheidung einzubeziehen. Es ist heute immer noch schwer einzuschätzen, ob eine abgeschlossene Berufsausbildung in der Bundesrepublik auch eine Garantie für die ökonomische Absicherung in den Heimatländern bildet.

4. Die auf ausländische Jugendliche zutreffenden Sozialisationsverläufe sind geprägt durch die Migration, also z.T. durch unterbrochene Sozialisationsprozesse. Dies impliziert, bezogen auf die Berufsausbildung — vor allem in der Anfangsphase — besondere Schwierigkeiten, die in signifikanter Weise zu Ausbildungsabbrüchen führen. Das duale System ist hier nicht in der Lage, ein von ihm formuliertes Ziel — nämlich die Herausbildung und Stabilisierung sozialer Kompetenz — zu erreichen.

Die zuvorgenannten Faktoren zeichnen sicherlich nur ein skizzenhaftes Bild der Bedingungen, unter denen sich berufliche Qualifikationsprozesse für ausländische Jugendliche vollziehen. Sie machen aber *schon* deutlich, daß die Erlangung fachlicher und sozialer Kompetenz durch die Organisation der Ausbildung selbst erschwert wird.

3. Qualifikationsvoraussetzungen bei ausländischen Jugendlichen

Die Beurteilung der Chancen zur beruflichen Eingliederung türkischer Jugendlicher möchte ich auf drei Ebenen vollziehen:

Die 1. Ebene ist die der demographischen Entwicklung, sind die Qualifikationsvoraussetzungen sowie das Berufswahlverhalten ausländischer, speziell türkischer Jugendlicher;

die 2. Ebene spricht die konkrete berufliche Situation (die Möglichkeiten zur Aufnahme einer Berufsausbildung sowie der ausbildungsfördernden Maßnahmen) an;

die 3. Ebene behandelt den Komplex der Herausbildung von Ausbildungsfähigkeit und der damit verbundenen Fördermaßnahmen.

3.1. Demographische Entwicklung

Bei den Daten zur Einschätzung der demographischen Entwicklung sowie den Qualifikationsvoraussetzungen beziehe ich mich überwiegend auf ein Gutachten von Klaus Klemm zur Verbesserung der beruflichen Integration ausländischer Jugendlicher, das er im Auftrag des Ministers für Wirtschaft NRW 1985 vorgelegt hatte. Die darin zum Ausdruck kommenden Daten beziehen sich deshalb auf das Land NRW.[3]

Nach diesen Daten ist damit zu rechnen, daß in den nächsten Jahren mit einem leichten Rückgang der Schülerzahlen ausländischer Schüler in allen Schulstufen zu rechnen ist. Dies gilt auch für Auszubildende. Diese Prognose unterstellt keine weitersteigenden Rückwanderungsbewegungen in den nächsten Jahren.

3.2. Schulische Versorgungslage und Qualifikationsniveau

Was den Grad der Versorgung angeht, so ist nach diesen Daten festzustellen, daß ca. 97 % der ausländischen Kinder und Jugendlichen im Sek.I-Bereich ihre Schulpflicht erfüllen, aber lediglich 46,5 % der unter 15 - 18jährigen Ausländer im Schuljahr 1983/84 eine berufs- und allgemeinbildende Schule des Sek.II-Bereichs besuchten. Was die türkischen Jugendlichen angeht, so stellen wir im Sek.I-Bereich fest, daß ihr Anteil an der Gesamtzahl der ausländischen Schüler ca. 57 % beträgt, bei den Gymnasien ca. 25 % und in den berufsbildenden Schulen bei 57 %. Ein wesentliches Merkmal als Qualifikationsvoraussetzung für eine berufliche Integration liegt in der allgemeinen schulischen Qualifikation. Hiernach erreichten 41 % der im Jahre 1983 entlassenen ausländischen Schüler einen Hauptschulabschluß, zusätzlich erreichten 24 % sogar einen höheren Abschluß.

Aufgrund dieser Daten wird in dem bereits erwähnten Gutachten des Wirtschaftsministers NRW festgestelt:

»Die hier beschriebene generelle Erhöhung der Bildungsbeteiligung in Vollzeitschulen auch 'jenseits' der Schulpflicht hat neben ihrer Wirkung der Qualifikationsanhebung einen gewichtigen Arbeitsmarkteffekt, da durch diese Erhöhung das Schulsystem junge

Menschen vom Arbeitsmarkt absorbiert und somit diesen erheblich entlastet. Würden noch die Bildungsbeteiligungsquoten des Jahres 1972 gelten, so wären 1982 mehr als 37.000 junger Ausländer zusätzlich auf der ohnehin schwierigen Suche nach Ausbildung und Arbeit.«[4]

3.3. Berufswahlverhalten türkischer Jugendlicher

Ein weiteres Merkmal auf dieser Ebene ist das Berufswahlverhalten der ausländischen Jugendlichen. Hierbei kommt es mir darauf an zu untersuchen, ob die vorherrschende allgemeine Aussage zutrifft, ausländische Jugendliche, vor allem türkischer Nationalität, zeigten ein eher unrealistisches Berufswahlverhalten. Dies, so die Meinung, sei umso schlimmer, da durch ein solches Verhalten, nämlich die Fixierung auf einen 'Traumberuf', diese Jugendlichen in der jetzigen ökonomischen Krisensituation und der damit verbundenen Ausbildungsstellenknappheit scheitern müßten.

Folgt man einer Untersuchung des Instituts für Entwicklungsplanung und Strukturforschung der Universität Hannover, bei der rd. 660 deutsche, italienische und türkische Hauptschulabgänger des Jahres 1983 u.a. zu ihrem Berufswahl- und Bewerbungsverhalten befragt wurden, so ergibt sich folgendes Bild, wobei ich hinzufügen möchte, daß diese Untersuchung an regional unterschiedlich strukturierten Regionen, nämlich einerseits städtischen und andererseits ländlichen Gebieten durchgeführt wurde:[5]

1. Das tatsächliche Angebot an Ausbildungs- bzw. Beschäftigungsmöglichkeiten prägt eindeutig die Berufswahlentscheidung. Es werden nur solche Berufe gewählt, die sich mit den am Ausbildungsmarkt angebotenen Berufen decken (Kfz-Mechaniker, Friseure, Verkäufen usw.), wobei utopische 'Traumberufe' äußerst selten gewählt werden.
2. Die Konzentration auf einige wenige Berufe ist mit 68% bei türkischen Jugendlichen besonders hoch (bei deutschen Jugendlichen lediglich 32%).
3. Die türkischen Jugendlichen legen mit 78% (gegen 37% der

Deutschen) besonders viel Wert auf eine universelle Verwertbarkeit der erworbenen Berufsqualifikation, d.h. ihre Orientierung auf die Verwertbarkeit der beruflichen Qualifikation auch im Heimatland ist sehr hoch.

4. Es ist darüber hinaus eine größere Rat- und Orientierungslosigkeit — bezogen auf den Informationsstand über den zu wählenden Beruf — besonders bei türkischen Jugendlichen festzustellen. Lediglich 28 % der türkischen Jugendlichen fühlten sich 'gut informiert' (dagegen 46 % der Deutschen). Ausländische Jugendliche, besonders türkische, benötigen Informationen über Berufsstruktur und Beschäftigungsaussichten, auch des Herkunftslandes. Diese Informtionen erhalten sie von deutschen Beratungsstellen aber nur sehr selten.

Ein weiteres wichtiges Ergebnis dieser Untersuchung ist beim Verhalten der ausländischen Lehrstellensucher in bezug auf das für sie ungünstige Ausbildungsplatzangebot zu erkennen.

»Hinsichtlich der Zahl der Ausbildungsplätze, für die sich die Jugendlichen beworben haben, bestehen zwischen Deutschen, Italienern und Türken keine signifikanten Unterschiede. Italienische (mit 29 %) und türkische Hauptschulabgänger (mit 40 %) sind aber bei der Platzsuche häufiger als deutsche (mit 27 %) mehrgleisig vorgegangen, d.h. sie haben sich nicht nur für einen Lehr-, Schul- oder Arbeitsplatz, sondern für mindestens zwei dieser Alternativen beworben.«[6]

Es kann also festgestellt werden:

1. daß eine verbesserte Entwicklung im Bereich der schulischen Qualifizierung ausländischer Kinder und Jugendlicher stattgefunden hat und somit auch der türkischen Jugendlichen

und

2. ein 'realistisches' und an die ökonomische Entwicklung in der Bundesrepublik angepaßtes Berufswahl- und Bewerbungsverhalten stattfindet. Für die türkischen Jugendlichen gilt dabei in besonderem Maße ihre Orientierung auf die Verwertbarkeit der erworbenen Berufsqualifikation im Herkunftsland.

4. Angebote zur beruflichen Qualifikation ausländischer Jugendlicher in der Bundesrepublik Deutschland

Im Jahre 1984 erhielten in der Altersgruppe der 15 - 18jährigen ausländischen Jugendlichen 49.200 gleich 24% einen Ausbildungsplatz. Von den rund 92.000 türkischen 15 - 18jährigen erhielten rund 20.000 einen Ausbildungsplatz. Dies entspricht einer Versorgungsquote von ca. 21%. Diese Versorgungszahlen zeichnen ein nicht ganz realistisches Bild, da wir wissen, daß die Überalterung der potentiellen türkischen Ausbildungsplatznachfrager relativ hoch ist. Berechnet man dieses mit ein, so verschiebt sich die Versorgungsquote noch nach unten hin.

Im Jahre 1984 wurden 4.000 Ausbildungsplätze mehr für ausländische Jugendliche zur Verfügung gestellt. Dies drückt allerdings nicht eine verbesserte Ausbildungsbereitschaft der Betriebe aus, da der überwiegende Anteil, nämlich ¾, über neue staatliche Förderprogramme eingerichtet wurde.

Insgesamt zeigen diese Zahlen aber recht deutlich, daß die Versorgungsquote für ausländische Jugendliche und gerade für türkische erschreckend niedrig ist. Die bereits zitierte Untersuchung der Universität Hannover bestätigt diese Situation. Nach den Ergebnissen dieser Untersuchung haben lediglich 8% der türkischen Jungen und 17% der türkischen Mädchen im Gegensatz zu 57% der deutschen Jungen und 36% der deutschen Mädchen einen Ausbildungsplatz erhalten.[7]

Die hohen Arbeitslosenzahlen, gerade bei türkischen Jugendlichen, sind somit einfach erklärbar. Ich glaube, diese Zahlen verdeutlichen, daß zu der erfolgreichen Gruppe derjenigen, die eine Ausbildungsstelle erhalten, die türkischen Jugendlichen überwiegend nicht gehören.

Welches Bild ergibt sich nun bei den Auffangmaßnahmen wie BVJ/BGJ u.a. Lehrgängen der Arbeitsverwaltung? Von den im Jahre 1984 eingeschulten 1.361 ausländischen Jugendlichen ins BVJ waren ca. 70% türkische Jugendliche. Dies bestätigt, daß die häufigste Einmündungsart für türkische Jugendliche nach der Hauptschule eine der Formen des Berufsgrundbildungsjahres ist. Über die Qualifizierungsmöglichkeiten in

Berufsvorbereitungs- und Berufsgrundbildungsklassen sind schon eine Fülle von Einschätzungen veröffentlicht worden. Die Mehrzahl diese Veröffentlichungen lassen sich wie folgt fassen:

Der Anspruch, eine Vorbereitung auf einen Beruf zu leisten, kann nicht erfüllt werden. Es fehlen klare bildungspolitische Zielsetzungen und Curriculas. Deshalb verlassen Jugendliche aus dem BVJ und dem BGJ das Bildungssystem zu fast 80% mit der 'Perspektive' der Arbeitslosigkeit oder günstigenfalls mit der Chance auf eine Ungelerntentätigkeit. BVJ und BGJ sind deshalb lediglich arbeitmarktpolitische Lösungen, die ihren Anspruch auf verbesserte Berufsvorbereitung nicht erfüllen können.[8]

Eine weitere Maßnahme, die gerade für türkische Jugendliche interessant zu sein scheint, sind die »Maßnahmen zur Berufsvorbereitung und sozialen Eingliederung junger Ausländer« (MBSE), die seit Anfang der 80er Jahre für jugendliche Ausländer mit Grundkenntnissen der deutschen Sprache eingerichtet sind. Die Maßnahme hat den Anspruch, junge Ausländer weiter zu qualifizieren, die wegen ihrer ausländerspezifischen Defizite — insbesondere Sprachschwierigkeiten —, fehlender Allgemeinbildung sowie Folgen unvollständiger sozialer Integration, nicht in der Lage sind, erfolgversprechend an einer angemessenen Berufsausbildung teilzunehmen, eine andere berufsvorbereitende Maßnahme zu absolvieren oder beim Zutritt zum Arbeitsmarkt benachteiligt sind. MBSE soll dazu beitragen, die Chancen eines Ausbildungsverhältnisses zu verbessern und die soziale Handlungsfähigkeit zu fördern. Vermittelt werden hier berufsbezogene Kenntnisse und Fertigkeiten, verbunden mit sprachlichen und allgemeinbildenden Inhalten unter Einbeziehung sozialpädagogischer Angebote,[9] wobei neuerdings während der MBSE-Maßnahme der Hauptschulabschluß nachgeholt werden kann. Durchschnittlich besuchen diese Maßnahme zu mehr als 90% türkische Jugendliche.

Die Effektivität dieser Maßnahme muß gemessen werden an ihrem Anspruch — der Verbesserung der beruflichen und sozialen Integration. Diesem Anspruch kann diese Maßnahme dann nicht gerecht werden, wenn festzustellen ist, daß

1. die Teilnehmerzahlen von ehemals 15.000 (1980/81) auf

6.500 (1983/84) gesunken sind

und

2. die Vermittlungschancen in einen Ausbildungsberuf durchschnittlich bei ca. 15% liegen.

Ich will es damit bei der Darstellung und Beurteilung von Maßnahmen zur Verbesserung der sozialen und beruflichen Integration bewenden lassen, da auch allen anderen Maßnahmen (seien es Maßnahmen zur Arbeitsbeschaffung, Berufsförderlehrgänge, arbeitsmotivierende Maßnahmen usw.) das gleiche Stigma anhängt, nämlich:

- die Abbrecherquoten sind enorm groß (zwischen 30 und 50%);
- die anschließenden Vermittlungsmöglichkeiten sind enorm niedrig.

So erleiden gerade türkische Jugendliche die Qual, von einer Maßnahme in die andere zu hetzen und dem Ziel ihrer beruflichen Eingliederung nicht näher zu kommen. Ich möchte allerdings ausdrücklich die Förderprogramme des Bundes und der Länder ausnehmen, in denen versucht wird, in überbetrieblichen Einrichtungen bzw. über eine Förderung der Ausbildung von ausländischen Jugendlichen in anerkannten Ausbildungsberufen tätig zu werden.

5. Das Problem der Ausbildungsfähigkeit

Wenn ich zuvor festgestellt habe, daß sich die Ausbilgungsfähigkeit, was die schulische Qualifikation und das Berufswahlverhalten angeht, durchaus verbessert hat, so verdeutlicht dies nur einen Ausschnitt dessen, was unter Ausbildungsfähigkeit allgemein verstanden wird. Generell kann man sagen, daß bei der Beurteilung der Ausbildungsfähigkeit die individuellen Voraussetzungen im Hinblick auf Migrations- und bisherige Lerngeschichte der Jugendlichen berücksichtigt werden müssen.

Das bereits zitierte Gutachten für den Wirtschaftsminister kam in diesem Bereich zu folgenden Ergebnissen:

Für die Ausbildungsfähigkeit ist die bisherige Lerngeschichte der Jugendlichen von großer Bedeutung, wobei ein langjähriger und erfolgreicher Schulbesuch — dieser muß wiederum nicht abhängig sein von einem bestimmten Land — als günstige Voraussetzung gesehen wird. Auch die Ausbildungsfähigkeit derjenigen Jugendlichen, die erst relativ spät eingereist sind, kann bei entsprechenden ausbildungsbegleitenden Fördermaßnahmen so verbessert werden, daß sie eine Ausbildung erfolgreich bestehen. Diese Förder- und Stützmaßnahmen müssen sich zum einen auf Sprach- und Fachsprachvermittlung sowie die Vermittlung von Fachtheorie beziehen, aber auch eine intensive sozialpädagogische Betreuung beinhalten.[10]

Ein weiteres wichtiges Moment hierbei ist natürlich auch die Weiterqualifizierung der Ausbilder selbst. Positiv ist hier anzumerken, daß im Rahmen von Förderprogrammen des Bundes in bescheidenem Maße bereits in dieser Richtung gearbeitet wird. Was fehlt, ist ein weiterer Ausbau sowie eine gesetzliche Absicherung.

6. Fazit

Nach alledem scheinen mir die Voraussetzungen für eine berufliche Eingliederung auf Seiten der türkischen Jugendlichen gegeben zu sein. Ihre Chancen der Eingliederung müssen aber auf einer andern Ebene beurteilt werden. Solange politische Entscheidungen ausbleiben — und hier meine ich staatliche Entscheidungen, denn auf positive Entscheidungen seitens der Wirtschaft können wir nicht warten —, die zum einen die türkischen Jugendlichen auch entsprechend ihrem Anteil bei der Ausbildungsplatzvergabe berücksichtigen, solange notwendige Förderprogramme — bezogen auf außerbetriebliche und überbetriebliche Ausbildungsmöglichkeiten — nicht erweitert werden und man nicht endlich auch das Know-how der ausländischen Selbständigen selbst miteinbezieht, solange werden die Chancen einer beruflichen Integration türkischer Jugendlicher heute vertan.

Anmerkungen

1. Hohmann, M.: Grundlagen und Ziele, in Hohmann, M. (Hrsg.): Unterricht mit ausländischen Kindern, Düsseldorf 1976, S. 95
2. s. hierzu auch Böllert, Günther: Ausländische Jugendliche in der dualen Ausbildung, Wirtschafts-, Berufs- und sozalpädagogische Texte, M. Twardy (Hrsg), Bd. 7, Düsseldorf 1984, S. 70 ff.
3. Klemm, K.: Maßnahmen zur Verbesserung der beruflichen Integration ausländischer Jugendlicher, Gutachten im Auftrag des Ministers für Wirtschaft, Mittelstand und Technologie des Landes Nordrhein-Westfalen, Januar 1985
4. ebenda, S. 9
5. Beiderwieden, K.; Gnahs, D.: Berufliche Eingliederungsprozesse von ausländischen Jugendlichen, in: Informationen zur Raumentwicklung, Heft 6/1985
6. ebenda, S. 500
7. ebenda, S. 502
8. Boos-Nünning, U.: Berufliche Situation ausländischer Jugendlicher, in: HDF meint, Nr. 8, Januar 1985, S. 9
9. Berufsbildungsbericht Duisburg 1985, Hrsg. von der Stadt Duisburg, S. 129 f.
10. vgl. Klemm, K.: a.a.O., S.

Prof. Dr. Othmar Nikola Haberl

Die Bundesrepublik Deutschland — ein Einwanderungsland der Türken?

1. Einführung

Zweifelsohne muß für die Beantwortung der Frage, seit wann es Türken in Deutschland gibt, der historische Kalender weiter zurückgeblättert werden als nur bis zum Datum der Unterzeichnung des deutsch-türkischen Anwerbeabkommmens vom 30.10.1961[1], weil allein die in diesem Beitrag analysierten Tabellen zeigen, daß Türken noch vor der Unterzeichnung des Abkommens in der Bundesrepublik gelebt und gearbeitet haben. Freilich spielten die Türken zum Zeitpunkt der Bevölkerungszählung vom 6.6.1961 mit 6.679 Personen unter den insgesamt 308 142 Staatsangehörigen der späteren acht »Anwerbestaaten« (Griechenland, Italien, Jugoslawien, Marokko, Portugal, Spanien, Tunesien, Türkei) mit lediglich 2,2 % gegenüber den Italienern (63,8 %), Spaniern (14,3 %), Griechen (13,7 %) und Jugoslawen (5,3 %)[2] eine nicht weniger untergeordnete (und damit für die Öffentlichkeit kaum relevante) Rolle als unter den »Gastarbeitern«. Freilich werden die in der Bundesrepublik beschäftigten Türken in den Arbeitsmarktstatistiken getrennt erst seit 1960 ausgewiesen[3], obwohl einige wenige Hundert schon vorher hier gearbeitet und gelebt haben. Mitte 1960 jedenfalls machten die insgesamt 2.495 in der Bundesrepublik beschäftigten Türken lediglich 1,6 % der »Gastarbeiter« aus den sechs wichtigsten Anwerbestaaten aus[4] — gegenüber 78,1 % Italienern, 8,4 % Griechen, 6,1 % Spaniern und 5,% Jugoslawen[5]. Dagegen sollten Hinweise, daß die Geschichte der deutsch-türkischen, d.h. deutsch-osmanischen, Begegnung viel weiter zurückverfolgt werden kann, so daß für Deutschland aus jenem »Türken vor Wien«[6] besser fast zeitgleich »Türken in Berlin« würde[7], doch nicht in den hier zur Debatte stehenden

Komplex eingebaut werden. Bei den genannten »Berliner Türken« handelte es sich durchwegs um offizielle oder zumindest offiziöse Vertreter der Pforte, die zuletzt aus ökonomischen Existenzgründen nach Preußen gekommen waren, während die aus ökonomischen Gründen in die Bundesrepublik gekommenen Türken von einem diplomatischen Status nur träumen können[8]. Damit sollte nur in Erinnerung gerufen werden, daß das Osmanische Reich selbstverständlich kein preußisches Anwerbeland war — im übrigen war das Osmanische Reich im Gegensatz zu vielen westeuropäischen Staaten nie Auswanderungsland, vielmehr war das niedergehende Osmanische Reich ein Einwanderungsland für aus ihrer Heimat vertriebene bzw. ihre Heimat vorsichtshalber verlassende Moslime (aus Südrußland, Rumänien, Bulgarien, Bosnien und Herzegovina)[9]. Damit sollte aber auch darauf hingewiesen werden, daß die Bundesrepublik nicht schon mit der Unterzeichnung eines Anwerbeabkommens zum Einwanderungsland für Türken wurde, war doch gerade in diesem Abkommen das »Rotationsprinzip« umgesetzt worden, weil für in der Bundesrepublik arbeitende Türken die »Aufenthaltserlaubnis...über eine Gesamtaufenthaltsdauer von 2 Jahren hinaus nicht erteilt« wird[10]. Doch auch nicht die mit Wirkung vom 30.9.1964 erfolgte ersatzlose Streichung dieser Bestimmung[11] vermochte am grundsätzlichen Nicht-Einwanderungsland Bundesrepublik etwas zu ändern. Vielmehr hat erst der von der sozialliberalen Regierung im November 1973 verfügte Anwerbestopp mit seinen familienpolitischen Implikationen zur Entstehung der Diskussion über den Charakter der Bundesrepublik als Einwanderungsland geführt.

Im folgenden kann und wird es nicht darum gehen, diese Diskussion im einzelnen zu rekonstruieren und auf ihre Berechtigung hin zu überprüfen. Zumal die von Trommer und Köhler prägnant zusammengefaßte offizielle These: »Die Bundesrepublik Deutschland ist kein Einwanderungsland. Sie strebt nicht an, die Anzahl der deutschen Staatsangehörigen durch Einbürgerungen zu vermehren«[12] nach wie vor amtliche Doktrin ist. Die politische, kaum noch fruchtbar erscheinende Diskussion soll also gemieden werden. Dafür freilich wird nach Strukturen bzw. Indizes gefragt werden, die die eine oder andere Position jeweils bestätigen oder erschüttern. Dabei lautet die übergeordnete Frage: gibt es Indizes, die auf eine Aufenthaltsverfestigung schließen lassen, was einen de-facto-Einwanderungslandcharakter der Bundesrepublik ungeachtet politisch-juristischer Kontroversen begründen könnte, bzw. haben sich die Strukturen der die deutsche Bevölkerung »unterschichtenden«[13] türkischen Wohnbevölkerung so an die für die deutsche Bevölkerung geltenden Werte angenähert, so daß auch das als Bestätigung der Einwanderungsland-These interpretiert werden müßte?

Tatsächlich kann eine Reihe von Indizes genannt werden, mit deren Hilfe sich recht überzeugend nachweisen läßt, daß zusehends mehr Türken (aber auch andere Ausländer) auf Dauer in der Bundesrepublik bleiben möchten, wenn sie könnten und dürften, d.h. daß die Bundesrepublik den eindeutigen Erklärungen vieler Politiker zum Trotz längst zum Einwanderungsland geworden ist. Ohne daß alle diese Indizes in diesem Beitrag analysiert würden, weil sie in den thematischen Kontext anderer Konferenzbeiträge gehören, aber auch weil für einige nicht die wünschenswerten Einzeldaten vorliegen, seien die wichtigsten aufgeführt[14]:

— zahlenmäßige Entwicklung der Wohnbevölkerung so weit rückwirkend wie möglich, wobei nur eine einigermaßen kontinuierlichere Abnahme seit dem Anwerbestopp den Nicht-Einwanderungsland-Charakter untermauern würde;
— zahlenmäßige Entwicklung der »sozialversicherungspflichtig beschäftigten ausländischen Arbeitnehmer«, wie die offizielle Umschreibung für den mittlerweile international gebräuchlichen Begriff »Gastarbeiter« lautet, wobei auch hier nur kontinierliche Abnahme die Politiker-Behauptungen stützen würde;
— Geschlechterrelation, weil nur ein erheblich höherer Anteil der Männer auf mehr Arbeiter, umgekehrt mehr Frauen auf mehr unterhaltsabhängige Familienmitglieder und damit Lockerung der Bindung an die Heimatländer schließen läßt;
— Erwerbsquoten der deutschen und der türkischen Wohnbevölkerung, wobei Ähnlichkeit oder gar Gleichheit der Werte ebenfalls auf Aufenthaltsverfestigung schließen läßt;
— Dauer des Aufenthalts in der Bundesrepublik, wobei wiederum anzunehmen ist, daß mit zunehmender Aufenthaltsdauer

die Bindungen an das Abgabeland zusehends schwächer werden;

— aufenthaltsrechtliche Grundlage (befristete/unbefristete Aufenthaltserlaubnis, Aufenthaltsberechtigung), weil insbesondere eine stetig zunehmende Zahl der hier lebenden Türken mit Aufenthaltsberechtigung darauf schließen lassen würde, daß sich zusehends mehr Türken auf einen Daueraufenthalt in der Bundesrepublik einrichten. Hierfür freilich sind überraschenderweise in den vom »Statistischen Bundesamt« publizierten »Strukturdaten Ausländer in der Bundesrepublik Deutschland«, aber auch in dessen Vorgänger »Ausgewählte Strukturdaten für Ausländer« keine Angaben enthalten. Daß bei der von der »Friedrich-Ebert-Stiftung« durchgeführten »Repräsentativbefragung '80« nach aufenthalts- (und nach arbeits-)rechtlichen Problemen gefragt worden war,[15] ist zwar für einen nationenspezifischen Vergleich wichtig; um die Frage nach Entwicklungstendenzen beantworten zu können, brauchen wir jedoch weitere Befragungen;
— ähnliches gilt leider auch für Daten über die arbeitsrechtliche Situation. Jüngst veröffentlichten Hinweisen der »Bundesanstalt für Arbeit« zufolge erfolgte die letzte Erhebung über die Gastarbeiter »nach der Art der erteilten Arbeitserlaubnis« vor dem Anwerbestopp im Jahre 1972[16]. Erst seit Ende 1982 werden diese Daten erneut ausgewiesen, ohne daß sich bisher aus ihnen eine unbedingt zuverlässig erscheinende Aussage ableiten ließe;
— Stellung der Ausländer im Betrieb, wobei vor allem wichtig ist, ob die bei Einreise in die Bundesrepublik vor allem als ungelernte Arbeiter eingestellten Türken sich innerbetrieblich weiterqualifizieren konnten. Damit im Zusammenhang steht auch die Frage nach beruflichem Aufstieg der in der Bundesrepublik beschäftigten Türken, wobei nachweisbarer Aufstieg aufenthaltsstabilisierend wirken dürfte;
— Einbürgerungen, über deren Stellenwert für den Einwanderungsland-Charakter wahrlich nicht zu diskutieren ist;
— Wohnsituation der Türken in der Bundesrepublik, wobei nicht nur Haus-/Wohnungskauf, sondern auch Verbesserung der Wohnsituation auf Aufenthaltsverstetigung schließen läßt;

— Entwicklung der Devisentransfers in die Türkei, deren Senkung auf Lockerung der Bindungen an die Türkei schließen ließe;
— schulische Ausbildung der »zweiten Generation«, weil bessere schulische Ausbildung auch günstigere Chancen auf dem Arbeitsmarkt eröffnet, was wiederum auf in der Bundesrepublik Bleibenwollen schließen läßt; ähnliches gilt auch für die Berufsqualifizierung; freilich wird beiden Momenten hier nicht nachgegangen, weil sie in Parallelreferaten diskutiert werden[17];
— nachgegangen wird lediglich — ausgehend von neuerdings publizierten Daten — der »erstmaligen Arbeitsaufnahme« von Türken in der Bundesrepublik[18]. Obwohl auch hier die Datenbasis zu schmal ist, als daß als gesichert erscheinende Aussagen gewagt werden könnten, zeigen doch Alter der erstmalig Beschäftigten und Geschlechterrelationen, daß nicht nur die männlichen Angehörigen der »zweiten Generation«, sondern auch die weiblichen auf dem Arbeitsmarkt in der Bundesrepublik Fuß fassen, was ihre Rückkehr in die Türkei nicht eben wahrscheinlich macht.

In einigen Jahren werden die hier zusammengestellten Daten nicht nur zeitlich verlängert werden können, so daß die Berechtigung der hier entwickelten Überlegungen genauer wird überprüft werden können; auch werden weitere Indizes vorliegen, über die gegenwärtig keinerlei Aussage gemacht werden kann: Konnubium[19], Religionszugehörigkeit der dann dritten oder gar vierten Generation, sozialer Aufstieg der zweiten bzw. dritten Generation. Doch ungeachtet der dann noch detaillierter möglichen Überprüfung der hier vorgelegten Überlegungen ist jetzt schon — ausgehend von Ergebnissen der für die oben aufgeführten Indizes zusammengestellten Daten — eine eindeutige Antwort auf die im Thema gestellte Frage möglich: die Bundesrepublik Deutschland ist zwischenzeitlich für die meisten hier lebenden und arbeitenden Türken (und nicht nur für die Türken) zu einem Einwanderungsland geworden.

2. Statistische Hinweise zur Aufenthaltsverfestigung von in der Bundesrepublik lebenden und arbeitenden Türken

Im folgenden sind in zwölf Tabellen die Daten für die oben angesprochenen wichtigsten Indizes zusammengestellt. Dabei war es nicht in jedem Einzelfall möglich, die wünschenswerte Breite der Daten vorzulegen. Soweit jedoch möglich, wurde auf den Anfang der Ausländerbeschäftigung in der Bundesrepublik rekurriert, weil die qualitative Differenz der für die 80er Jahre geltenden Daten dadurch noch einprägsamer wird.

In Tab. 1 wurden die Daten für die türkische Wohnbevölkerung sowie die türkischen Gastarbeiter in der Bundesrepublik seit 1960 bzw. 1961 zusammengestellt. Ungeachtet der Tatsache, daß die Bundesanstalt für Arbeit Daten über türkische Gastarbeiter kontinuierlich erst seit 1962 und für den Zeitpunkt des Anwerbestopps 1973 infolge der Umstellung der Datenerhebung überhaupt nicht ausweist und daß das Statistische Bundesamt Zahlenreihen erst seit 1967 bereitstellt, müssen die in dieser Tabelle zusammengestellten Daten für die zweite Hälfte der 70er und für die 80er Jahre im Sinne einer relativen Konstanz interpretiert werden. Dem scheinen zwar die Daten für 1984 sowohl bei der Wohnbevölkerung als auch bei den Gastarbeitern zu widersprechen (bei der Wohnbevölkerung eine Abnahme um rund 130.000, bei den Gastarbeitern um fast 50.000); doch infolge der 1983/84 gezielt betriebenen Rückkehrförderung[20] wird selbst in der Bundesanstalt für Arbeit vermutet, daß die hohen Salden eher auf einen »Mitnahme-Effekt« zurückzuführen seien als daß sie einen völlig neuen Trend bei der Ausländerbeschäftigung eingeleitet hätten[21]. Sollte diese Vermutung richtig sein, müßte in den nächsten Jahren die Zahl der Rückkehrer deutlich fallen.

Doch selbst wenn weder Wohnbevölkerung noch Gastarbeiterzahl sinken sollten, kann mit Hilfe anderer Daten der Verstetigungstrend erhärtet werden. In Tab. 2. ist die türkische Wohnbevölkerung in der Bundesrepublik nach Geschlecht aufgeführt. Da bekannt ist, daß die Gastarbeiter vorrangig die »socially undesirable jobs« einnehmen[22], wobei die Türken im

Bergbau eine monopolähnliche Stellung haben[23], folgt, daß nicht nur im spezifischen Fall der Türken unter der jeweiligen Wohnbevölkerung die Männer erheblich überrepräsentiert sein müßten. Tatsächlich zeigen die Daten dieser Tabelle, daß mit Beginn der Zuwanderung von Türken in die Bundesrepublik anfangs über vier Fünftel, später durchwegs rund zwei Drittel der hier lebenden Türken Männer waren. Mit Verkündung des Anwerbestestopps und mit erleichterter Familienzusammenführung fällt der Anteil der Männer jedoch kontinuierlich auf gegenwärtig deutlich unter drei Fünftel, der der Frauen dagegen steigt auf über zwei Fünftel.

Was mit diesen Daten als Vermutung nahegelegt wird, daß eine ständig größer werdende Zahl von Türken in der Bundesrepublik unterhaltsabhängig ist (Ehepartner, Kinder), wird in der Tab. 3 nachdrücklich bestätigt. Durch den erneuten Zuwanderugsschub nach Ende der Rezession von 1966/67 stieg die Erwerbsquote bei allen Türken fast sprunghaft an (bei Männern auf fast neun Zehntel, bei Frauen immerhin noch auf fast drei Fünftel). Seit dem Anwerbestopp jedoch sinkt die Erwerbsquote der Türken ununterbrochen. War sie 1979 noch knapp unter dem für die deutsche Wohnbevölkerung geltenden Wert, fiel sie in der Zwischenzeit deutlich unter ihn. Das ist ausschließlich darauf zurückzuführen, daß die Türkinnen größtenteils zu den Nicht-Erwerbspersonen zählen, was bei einer bei allen Ausländern günstiger erscheinenden Erwerbsquote die der Türken um 7,0% unterhalb der für die deutsche und um sogar 16,4% unterhalb der für alle Ausländer geltenden Quote fallen ließ. Bei der türkischen Wohnbevölkerung waren also Anwerbestopp und Familienzusammenführung im Sinne der Arbeitsmarktpolitiker eindeutig kontraproduktiv.

Hat schon die 1964 erfolgte Aufhebung der generellen Aufenthaltsbefristung für Türken in der Bundesrepublik zu einer Aufenthaltsverlängerung in der Bundesrepublik geführt, die freilich durch die Rezession 1966/67 kurzfristig verdrängt wurde, so wurde durch den Anwerbestopp die Aufenthaltsdauer zusätzlich verlängert. Die entsprechenden, seit 1977 in nicht gleichen Zeitabständen erhobenen Daten sind für diesen Zweck in Tab. 4 zusammengestellt. Danach befand sich das Gros der Türken im Oktober 1967 höchstens drei Jahre in der

Bundesrepublik, war also nach Aufhebung der generellen Aufenthaltsbefristung in die Bundesrepublik eingereist. 4,5 Jahre später, d.h. noch vor dem Anwerbestopp, hatte sich an dieser Struktur nichts Grundlegendes geändert, weil immer noch zwei Drittel aller Türken höchstens drei Jahre in der Bundesrepublik waren. Knapp sieben Jahre nach dem Anwerbestopp jedoch waren über zwei Drittel aller hier beschäftigten Türken bereits mehr als sieben Jahre in der Bundesrepublik, d.h. vor dem Anwerbestopp zugewandert. Die Unmöglichkeit, nach einer etwaigen Rückkehr in die Türkei, sich erneut um einen Arbeitsplatz in der Bundesrepublik zu bemühen, hat also zu einer enormen Verlängerung der Aufenthaltsdauer geführt. Hier müßte die Frage angeschlossen werden, inwieweit die Aufenthaltsverlängerung auch zur Veränderung der juristischen Aufenthaltsgrundlage beigetragen hat. Jedoch, wie schon oben angedeutet, hierzu liegen keine Daten vor, obwohl zu vermuten ist, daß die Zahl der Türken, die eine Aufenthaltsberechtigung haben, ständig wächst — wenngleich erheblich langsamer als die der übrigen Ausländer.

Dafür kann immerhin mit einigen wenigen Daten — in Tab. 5 aufgeführt — die arbeitsmarktrechtliche Situation ansatzweise rekonstruiert werden. Seit Ende 1982 gibt die Bundesanstalt für Arbeit entsprechende Angaben. Obwohl danach allein zwischen Ende 1982 und Mitte 1983 die Zahl der hier beschäftigten Türken um gut 20.000 abgenommen hat, ist doch auch gleichzeitig der Anteil der Türken, die eine befristete Arbeitserlaubnis haben (allgemeine bzw. besondere) von 59,9% auf 54,6% gefallen. Gleichzeitig stieg der Anteil der Türken, die eine unbefristete Arbeitserlaubnis haben um 13,2% auf 45,4%. Selbst wenn die Vermutung sich im nachhinein als nicht berechtigt erweisen würde, daß von der Rückkehrförderung vor allem diejenigen Gebrauch gemacht haben, die ohnehin entweder aufenthalts- oder arbeitsmarktrechtliche Probleme hatten, was durch Detailbefragungen zu erhärten wäre[24], ist doch allein der Anstieg von knapp 19.000 unbefristeten Arbeitserlaubnissen bei den Türken (von 213.545 am 31.12.1982 auf 232.144 am 30.6.1983)[25] innerhalb von lediglich 6 Monaten als Grundlage für die Vermutung ausreichend, daß die Türken die gegenüber dem Ausländerrecht sekundären Möglichkeiten des Arbeitsförderungsgesetztes nutzen, um ihren Arbeitsplatz in der Bundesrepublik zu sichern. Wenn damit zu vermuten ist, daß ein einigermaßen gesicherter Arbeitsplatz bzw. Zugang zum Arbeitsmarkt über eine unbefristete Arbeitserlaubnis zur längeren Verweildauer beiträgt, dann, ohne es gegenwärtig statistisch erhärten zu können, um vieles mehr die ungleich günstigere, daher aber auch nur über entschieden höhere Hürden zu erreichende Aufenthaltsberechtigung?

Daß viele Türken gute Gründe haben, ihren Aufenthalt in der Bundesrepublik zu verlängern, folgt auch aus der nächsten Tabelle. Hier sind die Daten der Repräsentativerhebung vom September 1966, Oktober 1968, März 1972 und Frühjahr 1980 hinsichtlich der Stellung der Türken im Betrieb zusammengestellt. Wenngleich aus der Tabelle der fast unveränderte Anteil der Türken unter den Facharbeitern hervorgeht (ungeachtet des Erhebungszeitpunkts bewegt sich dieser Anteil zwischen 14 % und 17 %), folgt doch, daß immerhin die Hälfte aller bei Einreise in die Bundesrepublik als ungelernte Arbeiter eingestellten Türken zumindest eine Lohnstufe weitergekommen sind. Damit freilich hat es auch schon sein Bewenden mit beruflichem Aufstieg. Denn die Daten der nächsten Tabelle zeigen für 1972 bzw. 1980, als zusätzlich gezielt nach beruflichem Aufstieg gefragt wurde, daß für die weitaus meisten Türken (Männer wie Frauen) der berufliche Aufstieg mit dem angelernten Arbeiter sein Ende fand. Dagegen haben knapp zwei Drittel aller Türken bis 1980 keinerlei beruflichen Aufstieg erlebt, während gleichzeitig der Anteil unter den Ausländern insgesamt, die keinen beruflichen Aufstieg verbuchen konnten, deutlich unter die Drei-Fünftel-Grenze gefallen war. Dennoch: so sehr der fehlende berufliche Aufstieg für die meisten Türken als Rückreisemotiv fungieren könnte, Anreize für eine beschleunigte Rückkehr dürften für diese Gruppe nicht weniger nicht bestehen als für die angelernten Arbeiter unter den Türken, weil die relative Sicherheit des Arbeitsplatzes immer noch mehr wiegen sollte als die »soziale Ungleichheit von Ausländern« generell[26].

Der keineswegs zu Optimismus anregende »berufliche Aufstieg« war ohne Mindestsprachkenntnisse kaum möglich. Und wenn der Ausstieg in 6,9 % der Fälle bis zum Facharbeiter ging, waren entsprechende fachspezifische Sprachkenntnisse unverzichtbar. Insofern ist die Frage nach Sprachkenntnissen ein Hinweis sowohl für die Fähigkeit, sich innerbetrieblich zurechtzufinden als auch den Alltag innerhalb einer zumindest teilweise deutschen Umgebung zu bestehen.[27] Obwohl die Erhebungsmethoden für die in der Tab. 8 zitierten Daten höchst heterogen sind, weshalb die Daten nicht unmittelbar aufeinander bezogen werden dürfen, folgt aus ihnen doch ein eindeutiger Trend. Immer weniger Türken geben an, kein Deutsch oder nur sehr wenig Deutsch zu sprechen. Dagegen glaubt fast ein Drittel aller Türken, fließende oder sehr gute Deutschkenntnisse zu haben. Es ist aber vor zu optimistischer Interpretation dieser Tabelle zu warnen, weil hier entweder nur die Sprachkenntnisse der Männer oder aber der beschäftigten Türken (Männer und Frauen) angegeben werden konnten. Die Verständigungsschwierigkeiten der nachgezogenen Ehepartner tauchen hier also überhaupt nicht auf. Doch auch nicht die sicherlich ungleich günstigeren der mittlerweile auf den Arbeitsmarkt drängenden »zweiten Generation«. Da aber ein vorhandener Arbeitsplatz der vermutlich wichtigste Grund zur Aufenthaltsverlängerung in der Bundesrepublik ist, zeigen diese Zahlen immerhin, daß sich die unterhaltspflichtigen Familienangehörigen mit der mehrheitlich deutschsprachigen Umgebung arrangiert haben.

Dagegen spricht die Wohnsituation der in der Bundesrepublik lebenden und arbeitenden Türken nur für ein langsames Sich-Zurechtfinden in der neuen Umgebung. Denn zwar sind die Gemeinschaftsunterkünfte bzw. Baracken, in denen die Gastarbeiter in den 60er Jahren vorrangig untergebracht waren[28], zwischenzeitlich aus der Öffentlichkeit weitgehend verschwunden, dafür freilich sind in einigen Städten türkische Ghettos (Berlin-Kreuzberg, Duisburg-Hüttenheim) entstanden, die sozialpolitisch gelegentlich kaum weniger bedenklich erscheinen[29]. Dem Autor freilich scheinen abgeschlossene Wohnungen mit häufig kaum glaubhaften sanitären Installationen wenigstens graduell besser als die Gastarbeiter-Zwangspferche in Form der Baracken.[30]. Insofern haben die in der Tabelle 9 für die Jahre 1972 und 1980 aufgeführten Daten doch einigen Aussagewert. Den nämlich, daß der Anteil der Türken, die in Gemeinschaftsunterkünften wohnen, erheblich zurückgegangen ist, während gleichzeitig der Anteil derjenigen, die eine Mietwohnung haben, auf fast neun Zehntel gestiegen ist. Gleichzeitig haben immerhin 1,6% der hier arbeitenden Türken Wohnungs-/Hauseigentum, ein Anteil, der von Italienern, Jugoslawen, Spaniern und Griechen deutlich übertroffen (4,0%, 2,2%, 2,2%, 2,1%) und nur von Portugiesen unterboten (1,5%) wird[31].

Die wenigstens graduelle Verbesserung der Wohnsituation war die notwendige Antwort der Betroffenen auf die Familienzusammenführung. Diese aber ging Hand in Hand mit dem Zuzug der »zweiten Generation«, die gegenwärtig allen Schwierigkeiten auf dem Arbeitsmarkt in der Bundesrepublik zum Trotz auf eben diesen Arbeitsmarkt strömt[31]. Die dank einer EWG-Vorgabe leider erst seit 1981 statistisch ausgewiesene »erstmalige Arbeitsaufnahme von Ausländern« ist für die Türken in der Tabelle 10 notiert. Dabei gilt es noch besonders darauf hinzuweisen, daß die Türken 1981 28,1% alle erstmalig Beschäftigten, 1982 28,6% ausmachten, während nur noch Italien als EG-Mitglied einen Prozentanteil deutlich über 10% aufwies (1981 17,2%, 1982 15,3%). Dagegen bewegen sich die Anteile der übrigen vier europäischen Anwerbeländer 1981 zwischen 5,8% (Jugoslawien) und 1,1% (Portugal) und 1982 zwischen 6,8% (Jugoslawien) und 1,3% (Portugal)[33]. 1981 waren über zwei Drittel der erstmalig eingestellten Türken unter 25 Jahre, d.h. in einem weiteren Sinne Angehörige der »zweiten Generation«. 1982 gehörten praktisch alle erstmalig eingestellten Türken dieser Generation an. Auffällig allerdings ist, daß jeweils rund bzw. gut zwei Drittel der Berufsanfänger Männer waren, was tendenziell mit den in Tab. 3 aufgeführten Daten über die Erwerbsquoten übereinstimmt. Das würde heißen, daß die Frauenerwerbstätigkeit in der »zweiten Generation« der der ersten ähnlich ist. Allem Zugang zum Arbeitsmarkt zum Trotz zeichnet sich bei der Erwerbstätigkeit der Türkinnen keine strukturelle Veränderung je nach Generationszugehörigkeit ab. Des ungeachtet zeigt Tab. 10 schließlich, daß für Türken Berufsbeginn nur im Status eines Arbeiters möglich ist, während bei anderen europäischen Anwerbeländern mit vergleichbarem Anteil der Altersschicht unter 25 Jahren rund ein Sechstel der Berufsanfänger als Angestellter arbeitet[34].

In das bisher entwickelte Gesamtbild einer Aufenthaltsverfestigung und der Arrangierung der Türken mit den ökonomischen und sozialen Verhältnissen in der Bundesrepublik passen zwei Momente scheinbar übrhaupt nicht: die Entwicklung der Devisentransfers in die Türkei und die Einbürgerungsstatistik. Wenn nämlich ein Großteil der hier lebenden und arbeitenden Türken sich de facto auf einen Daueraufenthalt eingestellt haben sollte, so müßten die in den Devisentransfers zu messenden Bindungen an das Heimatland schwächer werden. Umgekehrt dürften parallel dazu die Einbürgerungen von Türken zunehmen. Tatsächlich zeigen die von der Deutschen Bundesbank in Frankfurt »auf Schätzungen unter Berücksichtigung der auf Heimatreisen mitgenommenen Barbeträge«[35] beruhenden und infolgedessen häufig modifizierten Angaben über die Devisentransfers der Gastarbeiter[36], die in Tab 11 aufgeführt sind, für die Türken seit dem Anwerbestopp zunächst erstaunliche Schwankungen. Wenn von der Transferspitze 1984 infolge vermutlich höherer Bartransfers im Rahmen der Rückkehrförderungsaktion abstrahiert wird, schwanken die Schätzungen zwischen dem Tiefpunkt 1977 mit 1,8 Mrd. DM und dem Höchststand 1981 mit 3,2 Mrd. DM um 1,4 Mrd. DM. Sicher spricht die Steigerung um fast 80 % zwischen 1977 und 1981 für intensive Beziehungen der Türken zu ihrem Heimatland. Andererseits scheinen die Transfers seitdem entweder zu stagnieren oder gar zu fallen[37]. Das wiederum spricht zumindest indirekt für eine Lockerung der Beziehungen zum Heimatland, weil allein schon aus einer relativen Konstanz der Devisentransfers bei bekannten Inflationsraten und entsprechenden Lohnerhöhungen ein spürbarer Rückgang der sonst recht hohen Sparquote folgt, die Şen insbesondere auf zunehmende Konsumneigung zurückführt[38]. Und daß günstigstenfalls auf eine absolute Konstanz der Devisentransfers pro beschäftigter Türke geschlossen werden kann, zeigt ein Vergleich der in Tabellen 1 und 11 aufgeführten Daten. Denn die Devisentransfers schwanken ziemlich zeitgleich, wenngleich gelegentlich mit deutlicheren Ausschlägen nach oben, mit den jeweiligen Beschäftigungszahlen. Die von der Bundesbank geschätzte Entwicklung der Devisentransfers scheint demnach der generellen These von der ständig zunehmenden Aufenthaltsverfestigung nicht zu widersprechen.

Tatsächlich widersprechen dieser These auch nicht die in der letzten Tabelle zusammengestellten Daten über die Einbürgerungen von Türken, die — seit 1973 ausgewiesen — nur nach wenigen Hundert zu zählen sind. Denn oben ist schon gesagt worden, daß sich nach deutschem Verwaltungsselbstverständnis der Nicht-Einwanderungsland-Charakter der Bundesrepublik vor allem in der Nicht-Einbürgerung widerspiegeln muß. Wenn einmal von den statistisch völlig irrelevanten 23 Anspruchseinbürgerungen zwischen 1981 und 1983 abgesehen wird, können Türken nur über die Ermessenseinbürgerung »der Erwerb der deutschen Staatsangehörigkeit neben der Niederlassung in Deutschland, der Geschäftsfähigkeit, der Unbescholtenheit und der wirtschaftlichen Leistungsfähigkeit in der Regel von einem rechtmäßigen Inlandsaufenthalt von mindestens zehn Jahren und dem Verlust der bisherigen Staatsangehörigkeit«[39] abhängt, hat die Verwaltung für ihre Entscheidung einen sehr weit gesteckten Spielraum. Entsprechend niedrig ist die tatsächliche Einbürgerungsquote unter der ausländischen Wohnbevölkerung, die im Zeitraum zwischen 1970 und Anfang der 80er Jahre bestenfalls 0,4 % (Ermessenseinbürgerung) erreicht[40]. Bei den Türken fällt dieser Anteil noch weiter und erreicht erst 1983 gerade — und das auch nur durch Aufrundung — 0,1 %. Zumindest für die Betroffenen sieht damit die Hürde sehr hoch aus, so daß zu vermuten ist, daß selbst potentiell Einbürgerungsfähige von der Antragstellung zurückschrecken[41]. Im übrigen zeigt die letzte Spalte dieser Tabelle, daß nur die türkischen Hochschulabsolventen trotz Ermessenspielraum eine gute Einbürgerungschance haben. Denn bei lediglich 2,5 % Anteil der Hochschulabsolventen unter Männern (2,1 % bei Frauen)[42] betrug ihr Anteil unter den insgesamt eingebürgerten Türken 1981 15,5 %, 1982 17,5 %. Die niedrige Einbürgerungsquote ist damit nicht Ausdruck mangelnden Einbürgerungswillens in die Bundesrepublik und damit der Entschlossenheit, in absehbarer Zeit doch in die Türkei zurückzukehren, als vielmehr Ausdruck der restriktiven deutschen Einbürgerungspolitik, die als letzte Festung des Nicht-Einwanderungsland-Charakters vorerst nicht nur für die Türken uneinnehmbar bleibt.

3. Resüme

Wenngleich, wie oben ausgeführt, die hier angestellten Überlegungen durch weitere Sozialindikatoren differenzierter zu erörtern wären, kann doch jetzt schon ein nicht nur vorläufig erscheindes Ergebnis abgeleitet werden:

— allen Schwankungen zum Trotz weisen die Daten über die türkische Wohnbevölkerung und die türkischen Gastarbeiter in der Bundesrepublik einen klaren Trend zur Stabilisierung auf;
— von der eklatanten, arbeitsmarktpolitisch günstigen Diskrepanz der Geschlechter zu Anfang der 60er Jahre, als auf vier Türken eine Türkin kam, hat sich die Relation zwischenzeitlich auf 3 gegenüber 2 veschoben. Die Annäherung der Geschlechterrelationen wird sicherlich noch weitergehen;
— die Erwerbsquoten der türkische Wohnbevölkerung haben strukturell die der Deutschen bereits überholt. Vom arbeitsmarktpolitischen Standpunkt betrachtet war der Anwerbestopp damit kontraproduktiv;
— gleichzeitig ist die Aufenthaltsdauer der Türken in der Bundesrepublik sprunghaft nach oben geschnellt, so daß zwischenzeitlich die meisten Türken eine für die Einbürgerung notwendige Voraussetzung erfüllen;
— der Anteil der Türken, die eine — immer befristete — allgemeine Arbeitserlaubnis haben, fällt, während die Zahl der Türken mit einer unbefristeten, besonderen Arbeitserlaubnis, die allerdings immer noch unter aufenthaltsrechtlichen Vorbehalten stehen kann, stetig wächst;
— obwohl Stellung im Betrieb und beruflicher Aufstieg gerade bei den Türken nur im unteren Qualifikationsbereich meßbar ist, trägt doch diese nur relative berufliche Verbesserung bei gleichzeitig aussichtsloser Arbeitsmarktlage in der Türkei zur Aufenthaltsverfestigung bei;
— dazu trägt auch die Tatsache bei, daß die weitaus meisten beschäftigten Türken der Auffassung sind, ihre Sprachkenntnisse seien für die Erledigung beruflicher wie privater Aufgaben zumindest ausreichend;
— sich änderndes Konsumverhalten der hier lebende Türken zeigt sich zunächst darin, daß bei aller Kritik gegen Ghettos

die weitaus meisten Türken zwischenzeitlich über eine abgeschlossene Mietwohnung verfügen, so daß der Anteil der Türken, die in einer Gemeinschaftsunterkunft leben, von Anfang der 70er bis Anfang der 80er Jahre von knapp einem Drittel auf gut ein Zehntel zurückgegangen ist;

— dazu hat nicht unerheblich auch die Familienzusammenführung in den 70er Jahren beigetragen, deren Wirkungen seit Beginn der 80er Jahre auch auf dem Arbeitsmarkt zu spüren sind. Ein Großteil der Berufsanfänger ist jünger als 25 Jahre; eine baldige Rückkehr dieser Personengruppe, die auf dem Arbeitsmarkt gerade Fuß gefaßt hat, ist sicherlich nicht zu erwarten;

— auf verändertes Konsumverhalten läßt auch die Stagnation der Devisentransfers in die Türkei schließen. Die damit zumindest nicht auszuschließende Abschwächung der Bindungen ans Heimatland wäre dann nur die Folge der Absicht, sich auf Dauer in der Bundesrepublik einzurichten;

— lediglich die Entwicklung der Einbürgerung von Türken widerspricht scheinbar diesem offensichtlich eindeutigen Trend von Aufenthaltsverfestigung. Ob und wann, wie lange diese »Verwaltungsfestung« wird noch gehalten werden können, darüber läßt sich gegenwärtig nur spekulieren. Fallen die vom Gesetzgeber hoch gesetzten Schranken, dürfte die Zahl der Einbürgerungen speziell von Türken sprunghaft steigen.

Der damit nicht wegzudiskutierende Charakter der Bundesrepublik als Einwanderungsland nicht zuletzt für die größte ausländische Bevölkerungsgruppe zwingt zu einigen politisch wie wissenschaftlich relevanten Schlußfolgerungen:

1. die soziale Chancengleichheit der Ausländer muß gezielt gefördert werden (Wohnungssektor, Schulbesuch der zweiten Generation, Berufsausbildung derselben Generation)[43];

2. der einmal eingeschlagene Weg, Ausländer auch an politischen Entscheidungen partizipieren zu lassen, muß weiterverfolgt werden[44];

3. Rückkehr ist, wie wir mittlerweile aus einer recht umfangreichen wissenschaftlichen, allerdings leider fast ausschließlich länderspezifisch angelegten Forschung wissen, so daß Ergebnisse nur mit Vorbehalt zu vergleichen sind[45], keine Erfolg ver-

sprechende Alternative. Das heißt nicht, daß keinerlei Rückkehrförderung betrieben werden darf. Nur muß sie längerfristig angelegt sein und dem individuellen Gastarbeiter möglichst große Entscheidungsspielräume lassen, gegebenenfalls auch die Option auf eine Rückkehr in die Bundesrepublik;
4. Nachdem gerade die jüngste deutsche Geschichte nicht gerade ein Ruhmesblatt für Offenheit und Toleranz gegenüber Nicht-Deutschen ist (Juden, Sinti, Zwangsarbeiter) bietet sich durch eine menschenwürdige Politik gegenüber den Gastarbeitern zwar keine Chance zur Wiedergutmachung des von Deutschen angetanen Unrechts zwischen 1933 und 1945, aber immerhin die Gelegenheit zu beweisen, daß aus Geschichte gelernt werden kann.

Anmerkungen

1. Vgl.: Deutsch-türkische Vereinbarung über die Vermittlung von türkischen Arbeitnehmern, in: Gemeinsames Ministerialblatt, (1962) 2, S. 10f.
2. In: Ausländer. Verteilung und Struktur, in: Statistisches Bundesamt. Fachserie A. Bevölkerung und Kultur. Volks- und Berufszählung vom 6. Juni 1961, (1966) 7, S. 37.
3. Bis 1960 wurden die Türken als Angehörige der übrigen europäischen Länder aufgeführt. Vgl.: ausländische Arbeitnehmer. Beschäftigung, Anwerbung, Vermittlung. Erfahrungsbericht 1966, in: ANBA, 15 (1967) 3 Beilage, S. 58, Anm. 4.
4. Obwohl in der öffentlichen wie wissenschaftlichen Diskussion noch immer zwischen »Anwerbeländern«, d.h. den acht Ländern, mit denen die Bundesrepublik Anwerbeabkommen unterzeichnet hat, und anderen Ländern unterschieden wird, weist die Bundesanstalt für Arbeit als »sozialversicherungspflichtig beschäftigte ausländische Arbeitnehmer« nur die Angehörigen der sechs europäischen Anwerbestaaten aus; bei den arbeitslosen Ausländern dagegen tauchen auch die Tunesier und Marokkaner auf. Vgl.: Arbeitsstatistik 1984, in: ANBA, 33 (1985) 7 Sondernummer, S. 16 (sozialversicherungspflichtig Beschäftigte) und S. 57 (Arbeitslose).
5. Eigene Berechnungen nach: Ausländische Arbeitnehmer. Beschäftigung, Anwerbung, Vermittlung. Erfahrungsbericht 1969, in: ANBA, 18 (1980) 8 Beilage, S. 94.
6. Vgl. beispielsweise: Kreutel, Richard F. (Hg.): Kara Mustafa vor Wien. Das türkische Tagebuch der Belagerung Wiens 1683, verfaßt vom Zeremonienmeister der Hohen Pforte. 2. Aufl. München 1976. Sturminger, Walter (Hg.): Die Türken vor Wien in Augenzeugenberichten. München 1983.
7. Eine solche Kontinuität legt etwas voreilig Emre, Gültekin: Seit 300 Jahren sind die Türken in Berlin (1686-1933)/ (1933-1960), in: Forum, 1 (1985) 1,

S. 73-79, 2, S. 79-83 nahe.

8. Fast zeitgleich mit den Vertretern des Osmanischen Reiches kamen auch die ersten Hugenotten nach Berlin. Doch auch in diesem Fall muß vor voreiligen Konstruktionen von Kontinuitäten gewarnt werden, weil die Hugenotten nicht nur in Preußen gegen Ende des 17./Anfang des 18. Jahrhunderts nicht ans untere Ende der sozialen Skala angefügt wurden. Ich habe in einem Vortrag vor der »Evangelischen Akademie« in Loccum auf entsprechende Parellilisierungsprobleme verwiesen: »Historische Erfahrungen von Ausländerintegration und -identität. Hinweise und Lösungsmöglichkeiten für die Gegenwart?« für die Konferenz »Ausländer-Integration und -Identität in historischer und europäischer Perspektive«, Loccum, 31.5.-2.6.1985.
9. Dazu vgl.: Shaw, Stanford, J./Shaw, Ezel Kural: History of the Ottoman Empire and Modern Turkey, Vol. II. Reform, Revolution, and Republic: The Rise of Modern Turkey, 1808-1976. Cambridge u.a.1977, S. 115-118.
10. Ziff. 9, Satz 4 der Vereinbarung vom 30.10.1961 (vgl. Anm. 1), S. 11.
11. Vgl. Ziff. 3 der »Änderung der deutsch-türkischen Vereinbarungen über die Vermittlung türkischer Arbeitnehmer nach der Bundesrepublik Deutschland vom 30. Oktober 1961« (Rundschreiben des Bundesministers des Innern vom 16.1.1964), in: Gemeinsames Ministerialblatt (1964) 32, S. 507.
12. Trommer, Luitgard/Köhler, Helmut: Ausländer in der Bundesrepublik Deutschland. Dokumentation und Analyse amtlicher Statistiken. München 1981, S. 68.
13. So die Hauptthese des schweizerischen Soziologen Hoffmann-Nowotny, Hans-Joachim: Soziologie des Fremdarbeiterproblems. Eine theoretische und empirische Analyse am Beispiel der Schweiz. Stuttgart 1973, S. 51-66.
14. Ähnliche, aber auch feiner strukturierte Kriterien, für die allerdings für eine Längsschnittanalyse, die hier vorgelegt wird, noch die Daten fehlen, findet der Leser bei: Ders./ Hondrich, Karl-Otto (Hg.): Ausländer in der Bundesrepublik Deutschland und in der Schweiz. Segregation und Integration: Eine vergleichende Untersuchung. Frankfurt/ New York 1982, passim. Mehrländer, Ursula u.a.: Situation der ausländischen Arbeitnehmer und ihrer Familienangehörigen in der Bundesrepublik Deutschland. Repräsentativuntersuchung '80. Bonn 1981, S. 483-571.
15. Vgl.: ebd., S. 560-571.
16. Statistik über die sozialversicherungspflichtig beschäftigten ausländischen Arbeitnehmer nach der Art der erteilten Arbeitserlaubnis, in ANBA, 32 (1984) 4, S. 500.
17. Vgl. die Beiträge von Boos-Nünning, Ursula: Die schulische Integration der zweiten Türkengeneration sowie Jahn, Gerd: Berufliche Eingliederungschancen der türkischen Jugendlichen in der Bundesrepublik Deutschland.
18. Die Bundesanstalt weist diese Daten seit 1981 aus. Vgl.: Erstmalige Arbeitsaufnahme von Ausländern 1981, in ANBA, 30 (1982) 12, S. 1577f, 1982, in: ANBA, 32 (1984) 1, S. 8f.
19. Vor gut dreieinhalb Jahrzehnten als »Konnuptialindex« als ein Kriterium für die »Integration« der Vertriebenen in der Bundesrepublik von Müller, V.K.: Das Konnubium als Maß der psychischen und sozialen Einwurzelung von

Flüchtlingsgruppen, in: Raumordnung und Raumforschung, 10 (1950) 2, S. 72-74 errechnet.

20. Vgl.: Gesetz zur Förderung der Rückkehrbereitschaft von Ausländern vom 28. November 1983, in: Bundesgesetzblatt I, 35 (1983), 48, S. 1377-1380.

21. So jedenfalls der Mitarbeiter des »Instituts für Arbeitsmarkt- und Berufsforschung« der Bundesanstalt für Arbeit, Elmar Hönekopp, in einem Vortrag »Remigration von Gastarbeitern aus der Bundesrepublik Deutschland — Vorläufige Ergebnisse empirischer Erhebungen« am 4.2.1986 im Rahmen eines von mir im Wintersemester 1985/86 an der Universität Essen durchgeführten Kolloquiums »Remigration von Gastarbeitern«.

22. Von insgesmt 1,7 Mio. Gastarbeitern in der Bundesrepublik am 30.6.1983, was einer Ausländerquote von 8,6% entspricht, waren 11,8% im Verarbeitenden Gewerbe und 11,8% im Baugewerbe beschäftigt. Vgl.: ANBA, 32 (1984) 4, S. 588.

23. Am 30.6.1983 waren von insgesamt 32.0943 im Bergbau beschäftigten Ausländern 75,3% bzw. 24.166 Türken. Vgl. ebd.

24. Diese Hypothese jedenfalls vertrat Elmar Hönekopp in seinem bereits erwähnten Vortrag an der Universität Essen (vgl. Anm. 21).

25. Zahlen nach: ANBA, 32 (1984) 4, S. 616f.

26. Das Zitat entnommen der Überschrift eines jüngst erschienen Beitrags von Kühne, Peter/Schäfer, Hermann: soziale Ungleichheit von Ausländern, in: Franz, Hans-Werner u.a.: Neue alte Ungleichheit, Opladen 1986.

27. Hier ist bewußt die Formulierung »zumindest teilweise deutsche Umgebung« gewählt worden, weil viele Ausländer (und unter ihnen wiederum am meisten Türken) keinerlei Kontakte zu Deutschen haben. Vgl.: Mehrländer, Ursula u.a.: Situation, S. 524-535.

28. Ich erinnere nur an jenes vielfach wiedergegebene Bild eines um ein Gastarbeiterlager gezogenen Zaunes mit der serbokroatischen Aufschrift »Gastarbeiterlager 40. Za posetioce je policijski čas od 21.00 časa. U slučaju ako se neko ne pridržava ovoga biće od strane policije kažnjen.« (Gastarbeiterlager 40. Für Besucher gilt ab 21.00 Uhr die Polizeistunde. Wer sich nicht daran hält, wird polizeilich bestraft), etwa in: Die Zeit, 5.2.1982.

29. Vgl.: Şen, Faruk: Probleme der Lebenssituation ausländischer Familien aus der Sicht der Ausländer. Bonn o.J., S. 11f.

30. Im übrigen wäre es allmählich an der Zeit, eine Sozialgeschichte der Barackenlager im Deutschland des 20. Jahrhunderts zu schreiben: von Unterkünften für Zwangsarbeiter unter dem Nationalsozialismus über Notaufnahmelager für Vertriebe des zweiten Weltkrieges bis hin zu »Gemeinschaftsunterkünften« für Gastarbeiter.

31. Vgl.: Mehrländer, Ursula u.a.: Situation, S. 448.

32. Zu Schwierigkeiten des Zugangs der »zweiten Generation« zum Arbeitsmarkt vgl.: Şen, Faruk: Probleme, S. 19-24. Vgl. auch den Beitrag von Gerd Jahn in diesem Band.

33. Vgl. die in Anm. 18 aufgeführten Titel.

34. Vgl. ebd.

35. Statistische Beihefte zu den Monatsberichten der Deutschen Bundesbank. Reihe 3. Zahlungsbilanzstatistik, (1986) 2, Tab. 4c, Anm. 1.

36. Der Leser wird sich davon durch einen Blick in die in Anm. 35 genannten Statistischen Beihefte der Deutschen Bundesbank überzeugen können. Für unseren Zweck wurden, wenn die Deutsche Bundesbank die Schätzungen glaubte ändern zu müssen, die jeweils jüngsten Angaben verwendet.
37. Was im übrigen quer durch alle Gastarbeiternationen gilt. Vgl.: Delhaes-Günther, Dietrich von u.a.: Rückwanderung — eine Perspektive für ausländische Arbeitskräfte?, in: Aus Politik und Zeitgeschichte, 34 (1984) 32, S. 29f.
38. Şen, Faruk: Probleme, S. 12.
39. Fleischer, Henning: Ergebnisse der neuen Einbürgerungsstatistik 1981, in: Wirtschaft und Statistik, 35 (1983) 7, S. 531.
40. Vgl.: ebd., S. 531-534. Statistisches Jahrbuch für die Bundesrepublik Deutschland 1984, S. 69. 1986, S. 70 Strukturdaten über Ausländer in der Bundesrepublik Deutschland. Ausgabe 1983. Mainz 1983, S. 152.
41. Zumal mit der Antragstellung — ungeachtet des jeweiligen Ausgangs — auf den Antragsteller Kosten in der Höhe von u.U. mehreren Tausend DM zukommen. Das jedenfalls wurde in der Sitzung des »Ausländerbeirats der Stadt Essen« am 25.2.1986 berichtet.
42. Mehrländer, Ursula u.a.: Situation, S. 29.
43. Vgl. die entsprechenden Beiträge in diesem Band.
44. Vgl. beispielsweise: Andersen, Uwe/Cryns, Manfred: Politische Beteiligungsmöglichkeiten von Ausländern im Kommunalbereich, in: aus Politik und Zeitgeschichte, 34, (1984) 32. S. 35-46. Hoffman, Lutz: Politische Partizipation der türkischen Wohnbevölkerung in der Bundesrepublik, Deutschland, in diesem Band. Şen, Faruk/Jahn, Gerhard (Hg.): Wahlrecht für Ausländer. Stand und Entwicklung in Europa. Frankfurt 1985. Schmid-Eckhardt, Marianne: Politische Partizipation von Ausländern. Problem: Ausländerbeiräte. Weinheim/Basel 1985. Schwerdtfeger, Gunther: Welche rechtlichen Vorkehrungen empfehlen sich, um die Rechtstellung von Ausländern in der Bundesrepublik Deutschland angemessen zu gestalten? (Teilgutachten Ausländerintegration). Guachten A für den 53. Deutschen Juristentag. München 1980, S. A 106-S. 122. Wir arbeiten hier und leben hier!: Warum kein kommunales Wahlrecht für ausländische Mitbürger? 2. Aufl. Berlin 1979.
45. Zur Diskussion der Rückkehr von Türken vgl. etwa Gitmez, Ali S.: Geographical und Occupational Reintegration of Returning Turkish Workers, in: Kuban, Daniel (Ed.): The Politics of Return. International Return Migration in Europe. Proceedings of the First European Conference on International Return Migration (Rome, November 11-14, 1981). Roma/New York 1984, S. 113-121. Ludat, Irina: Eine Frage der größeren Angst. Bilanz der »Rückkehrförderung« ausländischer Arbeitskräfte, in: Die Zeit, 18.10.1985. Pöschl, Angelika, Schmuck, Peter: Die Rückkehr — Eine einer Illusion. Türkische Gastarbeiterfamilien in der Bundesrepublik Deuschland und die Probleme ihrer Rückkehr in die Türkei. München 1984. Şen, Faruk: Türkische Arbeitnehmergesellschaften. Gründung, Struktur und wirtschaftliche Funktion der türkischen Arbeitnehmergesellschaften in der Bundesrepublik Deutschland für die sozioökonomische Lage der Türkei. Frankfurt/

Bern/Cirencester 1980. Survey from Federal Republic of Germany. Istanbul 1985. Tendencies fo the Public Opinion Regarding the Reintegration Problem. Istanbul 1985. Vgl. auch den demnächst erscheinden Beitrag von Keyman, Salahattin: Reactions and the Situation of Remigrants in the Countries of Origin, in: Körner, Heiko/Mehrländer, Ursula (Hg.): Die »neue« Ausländerpolitik in Europa. Erfahrungen in den Aufnahme- und Endsendeländern. Bonn 1986. Einen ersten, eher zu weiteren Arbeiten anregenden als befriedigenden, vergleichenden Versuch haben vor knapp zwei Jahren mehrere Angehörige der Universität Essen vorgelegt. Vgl. Delhaes-Günther, Dietrich von u.a.: Rückwanderung, S. 19-33.

Tabelle 1
Türkische Wohnbevölkerung und türkische Arbeitnehmer in der Bundesrepublik seit 1961 (abs. in Tsd. und in %)

	Türken in der BRD			
	Wohnbevölkerung		Arbeitnehmer	
Jahr[1)]	abs.	in %	abs.	in %
1960			2,5	0.9
1961	6,5	1,0		
1962			15,3	2,3
1963			27,1	3,3
1964			85,2	8,6
1965			132,8	10,9
1966			161,0	12,3
1967	172,4	9,5	131,1	12,8
1968	205,4	10,7	152,9	14,0
1969	322,4	13,5	244,3	16,3
1970	469,2	15,8	353,9	18,2
1971	652,8	19,0	453,1	20,2
1972	712,3	20,2	511,1	21,7
1973	910,5	23,0		
1974	1.027,8	24,9	606,8	26,5
1975	1.077,1	26,3	543,3	26,6
1976	1.079,3	27,3	521,0	27,1
1977	1.118.0	28,3	508,6	27,2
1978	1.165,1	29,5	511,2	27,4
1979	1.268,3	30,6	542,1	27,8
1980	1.462,4	32,8	588,0	29,2
1981	1.546,3	33,4	584,0	30,5
1982	1.580,7	33,9	563,0	31,5
1983	1.552,3	34,2	542,5	31,8
1984	1.425,8	32,7	497,7	30,9

1) Angaben für 1960 zum 30.7., für 1961 Bevölkerungszählung vom 6.6., für 1962 und 1963 zum 30.6., seit 1963 zum 30.9.

Quellen: Arbeitsstatistik 1978. Jahreszahlen, in: ANBA 27 (1979) 7 Sondernummer, S. 16. Dass. für 1984, in: ebd., 33 (1985) 7 (Sondernummer), S. 16. Statistisches Jahrbuch für die Bundesrepublik Deutschland 1985, S. 69. Trommer, Luitgard/

Köhler, Helmut: Ausländer in der Bundesrepublik Deutschland. Dokumentation und Analyse amtlicher Statistiken. München 1981, S. 186 und 199.

Tabelle 2
Türkische Wohnbevölkerung in der Bundesrepublik nach Geschlecht seit 1961 (in %)

Jahr 1)	Männer	Frauen
1961	82,5	17,5
1967	70,3	29,7
1970	65,1	34,9
1973	66,4	33,6
1974	64,3	35,7
1975	62,2	37,8
1976	61,1	38,9
1977	60,4	39,6
1978	59,4	40,6
1979	58,8	41,2
1980	59,9	40,1
1981	59,2	40,8
1982	58,6	41,4
1983	58,2	41,8
1984	57,9	42,1

1) Für 1961 und 1970 Daten der Bevölkerungszählungen (6.6. bzw. 27.5.), sonst Angaben zum 30.9.

Quellen:
Statistisches Jahrbuch für die Bundesrepublik Deutschland 1973, S. 72; 1974, S. 51; 1975, S. 65; 1976, S. 65; 1977, S. 67; 1978, S. 66; 1979, S. 66; 1980, S. 66; 1981, S. 66; 1982, S. 66; 1983, S. 68; 1984, S. 68; 1985, S. 69. Trommer, Luitgard/Köhler, Helmut: Ausländer in der Bundesrepublik Deutschland. Dokumentation und Analyse amtlicher Statistiken. München 1981, S. 193.

Tabelle 3
Erwerbsquoten der Deutschen, aller Ausländer und der Türken in der Bundesrepublik seit 1961 (in %)

Jahr[1)]	Deutsche	alle Ausländer	Türken		
			alle	davon	
				Männer	Frauen
1961	47,5	67,1	65,5	71,9	35,6
1970	42,7	70,8	79,8	88,2	57,6
1979	43,8	52,6	43,4	65,2	27,5
1983	46,1	51,3	42,9	56,0	26,7

1) Für 1961 und 1970 Daten der Bevölkerungszählungen (6.6. bzw. 27,5.), für 1979 und 1983 Daten des Mikrozensus (April bzw. Juni).

Quellen:
Erwerbstätikeit von Ausländern 1978/79. Ergebnis des Mikrozensus, in: Wirtschaft und Statistik, 322 (1980) 10, S. 686. Mörtl, Heinrich: Erwerbstätigkeit von Ausländern 1982/83. Ergebnisse des Mikrozensus, der EG-Arbeitskräftestichprobe und der Beschäftigungsstatistik, in: Wirtschaft und Statistik, 36 (1984) 9, S. 760f. Ausländer, in: Statistisches Bundesamt. Fachserie A. Bevölkerung und Kultur. Volkszählung vom 27.5.1970, (1974) 23, S. 28, 40-44. Ausländer. Verteilung und Struktur, in: Statistisches Bundesamt. Fachserie A. Bevölkerung und Kultur. Volks- und Berufszählung vom 6. Juni 1961, (1966) 7, S. 28 (teilweise eigene Berechnung nach dort aufgeführten Zahlen).

Tabelle 4
Aufenthaltsdauer der türkischen Arbeitnehmer in der Bundesrepublik (in %)

Jahr	Erhebungszeitpunkt Oktober 1967	Erhebungszeitpunkt März 1972	Erhebungszeitpunkt Mai-Juli 1980
- 1	14,5	24	
1 - 2	51,8 (1 - 3)	24	14,8 (- 4)
2 - 3		20	
3 - 4	33,7 2)	9 (3 - 5)	
4 - 5			
5 - 6		5	
6 - 7		7	15,1 (4 - 8)
7 - 8		6	
8 - 9		3	
9 - 10		2 3)	54,2 (8 - 11)
10 - 11			
über 11			15,2 4)

1) Für 1972 Berechnung aufgrund von Angaben des Einreisejahres.
2) Gefragt nach einem Aufenthalt von 3 und mehr Jahren.
3) Gefragt nach einem Aufenthalt von 9 und mehr Jahren.
4) Gefragt nach einem Aufenthalt von 11 und mehr Jahren bzw. in Bundesrepublik geboren.

Quellen:
Beschäftigung, Anwerbung, Vermittlung ausländischer Arbeitnehmer. Erfahrungsbericht 1967, in: ANBA, 16 (1968) 3. Beilage, S. 16. Mehrländer, Ursula u.a.: Situation der ausländischen Arbeitnehmer und ihrer Familienangehörigen in der Bundesrepublik Deutschland. Repräsentativuntersuchung '80. Bonn 1981, S. 540 (eigene Umrechnung auf Männer u. Frauen). Repräsentativuntersuchung '72 über die Beschäftigung ausländischer Arbeitnehmr im Bundesgebiet und ihre Familien- und Wohnverhältnisse, in: ANBA, 21 (1973) 11 Sonderheft, S. 34.

Tabelle 5
Die in der Bundesrepublik beschäftigten Türken nach Art der Arbeitserlaubnis (abs. und in %)

	Art der erteilten Arbeitserlaubnis				
		in %			
				davon	
Jahr	insgesamt	allgemeine Arbeits-erlaubnis	besondere Arbeits-erlaubnis	befristete	unbefristete
31.12.1982	532.756	20,0	80,0	39,9	40,1
30. 6.1983	511.440	17,4	82,6	37,2	45,4

Quelle:
Statistik über die sozialversicherungspflichtig beschäftigten ausländischen Arbeitnehmer nach der Art der erteilten Arbeitserlaubnis, in: ANBA, 32 (1934) 4, S. 616f.

Tabelle 6
Stellung der türkischen Arbeitnehmer (Männer) im Betrieb (in %)

Stellung als	bei Einstellung	September 1966	Oktober 1968	März 1972	Mai-Juli 1980
	Erhebungszeitpunkt				
ungelernter Arbeiter	69	33	43	36	32
angelernter Arbeiter	14	48	38	48	42
Facharbeiter	14	16	16	16	17
Angestellter					6
Auszubildender					1

Quellen:
Beschäftigung, Anwerbung, Vermittlung ausländischer Arbeitnehmer. Erfahrungsbericht 1967, in: ANBA, 16 (1968) 3. Beilage, S. 17. Ergebnisse der Repräsentativ-Untersuchung vom Herbst 1968 über die Beschäftigung ausländischer Arbeitnehmer und ihre Familien-und Wohnverhältnisse, in: ANBA, 18 (1970) 8. Beilage, S. 86. Mehrländer, Ursula u.a.: Situation der ausländischen Arbeitnehmer und ihrer Familienangehörigen in der Bundesrepublik Deutschland. Repräsentativuntersuchung '80. Bonn 1981, S. 121. Repräsentativuntersuchung '72 über die Beschäftigung ausländischer Arbeitnehmer im Bundesgebiet und ihre Familien- und Wohnverhältnisse, in: ANBA, 21, (1973) 11. Sonderheft, S. 68.

Tabelle 7
Beruflicher Aufstieg der in der Bundesrepublik beschäftigten Türken (in %)

Jahr		Aufstieg vom... zu... vom ungelernten zum angelernten Arbeiter	vom ungelernten zum Facharbeiter/Vorarbeiter/Meister	vom angelernten zum Facharbeiter/Vorarbeiter/Meister	kein Aufstieg Türken	alle Ausländer
1972	alle	33	1	3	63	62
	Männer	32	2	3	63	63
	Frauen	36	-	-	63	60
1980	alle	30,0	3,2	3,7	63,1	56,9
	Männer	30,4	3,9	4,4	61,3	56,4
	Frauen	29,0	1,0	1,6	68,4	58,5

Quellen: Mehrländer, Ursula u.a.: Situation der ausländischen Arbeitnehmer und ihrer Familienangehörigen in der Bundesrepublik Deutschland. Repräsentativuntersuchung '80. Bonn 1981, S. 167-169. Repräsentativuntersuchung '72 über die Beschäftigung ausländischer Arbeitnehmer im Bundesgebiet und ihre Familien- und Wohnverhältnisse, in: ANBA, 21 (1973) 11 Sonderheft, S. 84.

Tabelle 8
Deutschkenntnisse der in der Bundesrepublik beschäftigten/ lebenden Türken seit 1966 (in %)[1]

Kenntnisstand	Erhebungszeitpunkt September 1966[2]	Oktober 1969[3]	März 1972	Mai-Juli 1980
gut/fließend/sehr gut		17	7	29
gebrochen/mittel	63	65	34	59
kein/schlecht/ sehr schlecht		18	59	13

1) 1966 Erhebungsmethode unklar; 1968 und 1972.Einschätzung der Sprachkenntnisse durch Interviewer; 1980 Selbsteinschätzung der Ausländer.
2) 1966 nur nach Sprachkenntnissen der Ausländer gefragt, die mit Ehefrauen in der Bundesrepublik lebten.
3) 1968 Daten nur für Männer.

Quellen:
Beschäftigung, Anwerbung, Vermittlung ausländischer Arbeitnehmer. Erfahrungsbericht 1967, in: ANBA, 16 (1968) 3. Beilage, S. 19. Ergebnisse der Repräsentativ-Untersuchung vom Herbst 1968 über die Beschäftigung ausländischer Arbeitnehmer und ihre Familien- und Wohnverhältnisse, in: ANBA, 18 (1970) 8. Beilage, S. 52. Mehrländer, Ursula u.a.: Situation der ausländischen Arbeitnehmer und ihrer Familienangehörigen in der Bundesrepublik Deutschland. Repräsentativuntersuchung '80. Bonn 1981, S. 499. Repräsentativuntersuchung '72 über die Beschäftigung ausländischer Arbeitnehmer im Bundesgebiet und ihre Familien- und Wohnverhältnisse, in: ANBA, 21 (1973) 11. Sonderheft, S. 29.

Tabelle 9

Wohnsituation der in der Bundesrepublik beschäftigen Türken 1972 und 1980 (in %)

Jahr	Wohnsituation			
	Eigentumswohnung/eigenes Haus	abgeschlossene Wohnung	Kellerwohnung, Wohnung ohne Küche	Gemeinschaftsunterkunft/ Baracke
1972		48	18	32
1980	1,6	88,2		10,2

Quellen: Mehrländer, Ursula u.a.: Situation der ausländischen Arbeitnehmer und ihrer Familienangehörigen in der Bundesrepublik Deutschland. Repräsentativuntersuchung '80. Bonn 1981, S. 448. Repräsentativuntersuchung '72 über die Beschäftigung ausländischer Arbeitnehmer im Bundesgebiet und ihre Familien- und Wohnverhältnisse, in: ANBA, 21 (1973) 11. Sonderheft. S. 104.

Tabelle 10

Erstmalige Arbeitsaufnahme von Türken in der Bundesrepublik 1981, 1982.

Jahr	Anzahl insgesamt	davon				
		Männer (in %)	Frauen (in %)	Arbeiter (in %)	Angestellte (in %)	unter 25 Jahre
1981	49.844	68,9	31,1	95,3	4,7	70,9
1982	37.369	66,0	34,0	92,7	7,3	99,4

Quellen:

Erstmalige Arbeitsaufnahme von Ausländern 1981, in: ANBA, 30 (1982) 12, S. 1578. Erstmalige Arbeitsaufnahme von Ausländern 1982, in: ANBA, 32 (1984) 1, S. 9.

Tabelle 11
Transfers der in der Bundesrepublik beschäftigten Türken in die Türkei seit 1962 (in Mio. DM)[1]

Jahr	Transfers
1962	50
1963	100
1964	150
1965	300
1966	350
1967	300
1968	350
1969	700
1970	1.250
1971	1.900
1972	2.300
1973	2.600
1974	2.650
1975	2.500
1976	2.150
1977	1.800
1978	1.900
1979	2.600
1980	2.950
1981	3.200
1982	3.150
1983	3.100
1984	3.350

1) Die Angaben beruhen auf Schätzungen unter Berücksichtigung der auf Heimatreisen mitgenommenen Barbeträge.

Quelle:
Statistische Beihefte zu den Monatsberichten der Deutschen Bundesbank. Reihe 3. Zahlungsbilanzstatistik, (1973) 4, Tab. 8a; (1980) Tab. 4a; (1983), Tab 4c; (1986) 2, Tab. 4c.

Tabelle 12
Einbürgerungen von Türken seit 1973 (abs. Zahlen)

Jahr	Einbürgerungen					
		davon				
				davon		
	insgesamt Einbürgerungen	Anspruchseinbürgerungen	Ermessenseinbürgerungen	Männer	Frauen	Hochschulabsolventen
1973			272			
1974			374			
1975			225			
1976			280			
1977			275			
1978			317			
1979			312			
1981	534	4	530			
1982	580	12	568	294	297	90
1983	853	7	846	442	404	149

Quellen:
Fleischer, Henning: Ergebnis der neuen Einbürgerungsstatistik 1981, in: Wirtschaft und Statistik, 35 (1983) 7, S. 531-534. Statistisches Jahrbuch für die Bundesrepublik Deutschland 1984, S. 69. 1985, S. 70. Strukturdaten über Ausländer in der Bundesrepublik Deutschland. Ausgabe 1983, S. 152. Trommer, Luitgard/ Köhler, Helmut: Ausländer in der Bundesrepublik Deutschland. Dokumtentation und Analyse amtlicher Statistiken. München 1981, S. 185.

Die Autoren

Prof. Dr. Nurhan Akçaylı, Dekanin der Wirtschafts- und sozialwissenschaftlichen Fakultät der Uludağ-Universität in Bursa.

Prof. Dr. Fatih C. Babalık, Dekan der Pädagogischen Fakultät der Uludağ-Universität in Bursa.

Prof. Dr. Nihat Balkır, Rektor der Uludağ-Universität in Bursa.

Prof. Dr. Ursula Boos-Nünning, Leiterin des Instituts für Migrationsforschung, Ausländerpädagogik und Zweitsprachendidaktik an der Universität Essen.

Dr. Gerd Diers, Leitender Ministerialrat beim Ministerium für Arbeit, Gesundheit und Soziales in Nordrhein-Westfalen.

Dr. Liselotte Funcke, Beauftragte der Bundesregierung für die Integration der ausländischen Arbeitnehmer und ihrer Familienangehörigen.

Prof. Dr. Othmar N. Haberl, Universität Essen, Fach Geschichte — Zeitgeschichte Osteuropas und historische Migrationsforschung.

Dr. Lutz Hoffmann, Leiter des Projekts »Kommunale Ausländerfragen« des Zentrums für Wissenschaft und Praxis an der Universität Bielefeld.

Gerhard Jahn, Wissenschaftlicher Mitarbeiter des Zentrums für Türkeistudien und Lehrbeauftragter an der Universität Duisburg/GH.

Dr. Ursula Mehrländer, Leiterin der Arbeitsgruppe Ausländerforschung/Ausländerpolitik des Forschungsinstituts der Friedrich-Ebert-Stiftung.

Werner Meys, Studienrat, Vorsitzender des Essener Ausländerbeirates und der stellvertretende Vorsitzende der SPD-Ratsfraktion in Essen.

Christian Petry, bis 1985 Leiter der Regionalen Arbeitsstellen zur Förderung ausländischer Kinder und Jugendlicher (RAA's) in Nordrhein-Westfalen.

Hans Sobek, Bürgermeister der Stadt Essen.

Dr. Faruk Şen, Leiter des Zentrums für Türkeistudien und Lehrbeauftragter an der Universität Essen.